Estrategias para la enseñanza de Ciencias Naturales en Educación Primaria
Hacia una educación de calidad en la formación inicial del profesorado

José Gabriel Soriano Sánchez

Estrategias para la enseñanza de Ciencias Naturales en Educación Primaria

Hacia una educación de calidad en la formación inicial del profesorado

Colección Horizontes Educación

Título: *Estrategias para la enseñanza de Ciencias Naturales en Educación Primaria. Hacia una educación de calidad en la formación inicial del profesorado*

Primera edición: marzo de 2026

© José Gabriel Soriano Sánchez

© De esta edición:
Ediciones OCTAEDRO, S.L.
C/ Bailén, 5, 08010 Barcelona
Tel.: 932464002
www.octaedro.com
octaedro@octaedro.com

ISBN: 978-84-1079-293-7
Depósito legal: B 5845-2026

Diseño y producción: Octaedro Editorial

Impresión: Ulzama

Impreso en España / *Printed in Spain*

Índice

Índice de figuras y tablas 9

Prólogo 11

Introducción 13

1. Fundamentos del aprendizaje de Ciencias Naturales en Educación Primaria 21
    1.1. Enfoques pedagógicos contemporáneos en la didáctica de ciencias 24
    1.2. Modelos internacionales de enseñanza de ciencias 27
    1.3. Diferencias metodológicas, organizativas y curriculares 30
    1.4. Pasos para la elaboración de una unidad didáctica 32
        1.4.1. Pero… ¿a qué nos referimos en concreto con metodología didáctica? 47

2. Metodologías activas en el aprendizaje de Ciencias Naturales 51
    2.1. Metodologías activas 51
        2.1.1. Aprendizaje basado en la indagación 54
        2.1.2. Aprendizaje por proyectos 57
        2.1.3. Aprendizaje significativo y constructivismo 60
        2.1.4. Aprendizaje colaborativo y cooperativo 63
        2.1.5. Flipped classroom 66
        2.1.6. Gamificación 68
        2.1.7. Escape rooms 70
        2.1.8. Educación STEM y STEAM 72
    2.2. Enfoques pedagógicos que fundamentan las metodologías 75
    2.3. Estrategias y recursos didácticos complementarios 77

3. El papel del profesorado en la educación científica 81
    3.1. Estrategias lúdicas en el aula de ciencias 81
        3.1.1. Prácticas en el laboratorio escolar 83
        3.1.2. Salidas al entorno 85
        Interdisciplinariedad. Ciencias y otras áreas 88

4. Atención a la diversidad y evaluación formativa y auténtica en ciencias 93

4.1. Atención a la diversidad y a las diferencias individuales 93

4.1.1. Alumnado con NEAE 96

4.2. Evaluación formativa y auténtica en Ciencias Naturales 101

4.3. Inclusión educativa en el aula de ciencias 104

4.4. Retroalimentación y metacognición 108

5. Conclusiones, recomendaciones y reflexiones 111

5.1. Conclusiones. 111

5.2. Recomendaciones 112

5.3. Reflexiones. 112

Bibliografía 117

Anexos 125

Anexo 1. Efemérides del Área de Conocimiento del Medio Natural, Social
y Cultural en un CEIP y sugerencias de actividades. 125

Anexo 2. Presentación de la actividad en el aula. 126

Anexo 3. Realización de actividad para PFI: concreción curricular. 127

Anexo 4. Ejemplo de actividad para favorecer el aprendizaje basado
en la indagación. 130

Anexo 5. Ejemplo de una secuencia didáctica sobre el aprendizaje basado
en proyectos. 131

Anexo 6. Ejemplo de actividad para desarrollar el aprendizaje
significativo y constructivismo 133

Anexo 7. Ejemplo de actividad para favorecer el aprendizaje colaborativo
y cooperativo 135

Anexo 8. Ejemplo de actividad para desarrollar el *flipped classroom* 136

Anexo 9. Ejemplo de actividad para favorecer la gamificación. 139

Anexo 10. Ejemplo de actividad para desarrollar el *escape room* 140

Anexo 11. Ejemplo de proyecto STEAM. 141

Índice de figuras y tablas

Figura 1.1. Elementos de la secuencia didáctica 33

Figura 1.2. Esquema del currículo actual 36

Figura 1.3. Competencias específicas resumidas: Ciencias Naturales 37

Tabla 1.1. Ejemplo para la interpretación de los criterios de evaluación 38

Tabla 1.2. Comparativa resumida: ejercicio, actividad y tarea 41

Tabla 1.3. Ejemplo de secuenciación didáctica. Unidad didáctica «El ciclo del agua» 42

Figura 1.4. Componentes que integran la metodología didáctica 48

Tabla 2.1. Metodologías activas para favorecer el aprendizaje de Ciencias Naturales 53

Tabla 2.2. Fundamentos y características del aprendizaje por indagación 54

Tabla 2.3. Enfoques pedagógicos que fundamentan las metodologías 75

Tabla 2.4. Estrategias y recursos didácticos complementarios 77

Tabla 3.1. Competencias clave en Educación Primaria y su finalidad 90

Figura 4.1. Enseñanza multisensorial para el aprendizaje de Ciencias Naturales 99

Figura 5.1. El arte de enseñar Ciencias Naturales 115

Prólogo

La motivación para elaborar esta obra surge de una preocupación constante por la enseñanza de las Ciencias Naturales en Educación Primaria y, en especial, por el modo en que esta disciplina puede convertirse en un puente hacia la inclusión y la participación real de todo el alumnado. Como docente e investigador, me he preguntado en múltiples ocasiones: ¿Cómo lograr que las ciencias no sean percibidas como un conocimiento distante o inaccesible, sino como una experiencia significativa, cercana y transformadora? ¿Cómo asegurar que cada estudiante, con sus particularidades y ritmos, encuentre en las ciencias una oportunidad para comprender el mundo físico y natural y desarrollar un pensamiento crítico? Estas preguntas guiaron el desarrollo de este trabajo, cuyo propósito fundamental ha sido explorar enfoques y metodologías que permitan construir una enseñanza más activa, equitativa y adaptada a la diversidad, de modo que garanticen al profesorado en formación inicial los conocimientos para aplicar en un futuro un proceso de enseñanza y aprendizaje de calidad. El objetivo no ha sido solo sistematizar marcos teóricos y legislativos o recopilar experiencias exitosas, sino también ofrecer herramientas concretas al profesorado en formación que puedan transformar la práctica docente y, con ella, la experiencia del alumnado en el aula. Confío en que estas páginas contribuyan a reafirmar la importancia de una educación en Ciencias Naturales que, además de transmitir conocimiento, inspire, despierte curiosidades y transforme al futuro profesorado de Educación Primaria.

Introducción

La Didáctica de las Ciencias Naturales en la etapa de Educación Primaria representa un desafío y una oportunidad fundamental en la formación integral de las niñas y niños. Los elementos curriculares que se abarcan están integrados en el área de Conocimiento del Medio Natural, Social y Cultural (CMN), cuyo objetivo, según el Real Decreto 157/2022, de 1 de marzo, por el que se establecen la ordenación y las enseñanzas mínimas de la Educación Primaria, es que los alumnos y alumnas comprendan su entorno, desarrollen actitudes de respeto y responsabilidad hacia él y se conviertan en ciudadanos activos, críticos y participativos que puedan transformarlo de manera ética y sostenible. En particular, esta área abarca tanto los elementos naturales que nos rodean como las construcciones humanas, la cultura, la historia, las dinámicas sociales y el patrimonio local y regional. En consecuencia, los estudiantes pueden desarrollar una comprensión profunda del mundo que le rodea, adquirir habilidades para investigar fenómenos naturales, formular explicaciones y tomar decisiones informadas. Así, para que se construya un aprendizaje significativo, el alumnado ha de experimentar actividades motivadoras (González, 2015).

Los métodos empleados para alcanzar estos fines son clave para garantizar aprendizajes competenciales (Alonso *et al.*, 2025). En este sentido, la educación científica en la actualidad ha experimentado una transformación significativa gracias al desarrollo de nuevos enfoques pedagógicos que pretenden ofrecer una respuesta a las demandas de una sociedad globalizada y tecnológica, la cual se encuentra en constante cambio. Estos enfoques contemporáneos reconocen que enseñar ciencias no puede limitarse a la memorización de conceptos ni a la repetición de experimentos predecibles, sino que debe fomentar tanto el pensamiento crítico como la creatividad, la reflexión, la colaboración y la resolución de problemas complejos.

En un mundo caracterizado por la constante transformación científica y tecnológica, la educación científica no puede limitarse a la transmisión de datos o hechos. Dewey (1902/2009) ya reivindicaba una educación experiencial y participativa como base de un aprendizaje significativo, y argumentaba que el currículo debe partir de la experiencia de los y las niñas. Se requiere, para ello, una pedagogía activa, contextualizada, inclusiva y crítica, que promueva el pensamiento reflexivo, la creatividad, la capacidad de resolver problemas y el compromiso con el desarrollo sostenible y la sociedad. Este enfoque se respalda en el trabajo de Stinken-Rösner *et al.* (2022), quienes proponen un marco teórico que integra pedagogía inclusiva y enseñanza científica, lo que facilita la planificación de lecciones inclusivas. Para ello, es necesario diversificar y actualizar las estrategias de enseñanza, incorporando enfoques metodológicos que respondan a las características cognitivas, emocionales y sociales de los niños y niñas. Como muestra Essex (2020), la introducción de ciencia regular y adaptada en escuelas especiales genera una transformación positiva del profesorado y un impacto significativo en el alumnado con necesidades educativas especiales.

Este libro nace con el propósito de ofrecer un compendio sistematizado de métodos efectivos para la enseñanza de las Ciencias Naturales en la Educación Primaria. De hecho, constituye un recurso didáctico relevante en la formación inicial del profesorado (FIP) del Grado de Educación Primaria porque le ofrece conocimientos para mejorar la calidad de la práctica docente. En sus capítulos se presentan enfoques clásicos y contemporáneos, prácticas innovadoras y experiencias contextualizadas que buscan contribuir a la labor docente, fomentar el interés por la ciencia desde edades tempranas y fortalecer una ciudadanía crítica y científicamente alfabetizada. En particular, el texto se organiza en cuatro capítulos, que abarcan desde los fundamentos teóricos del aprendizaje científico hasta propuestas concretas de actividades y estrategias pedagógicas. Asimismo, se abordan temas emergentes, tales como el uso de las tecnologías de la información y la comunicación (TIC), el enfoque inclusivo, la interdisciplinariedad y la evaluación auténtica. Por otro lado, se analiza la función del profesorado como mediador del conocimiento y se exploran modelos internacionales que inspiren buenas prácticas docentes.

Esta propuesta brinda herramientas para diseñar entornos de enseñanza científica inclusivos, atendiendo a la diversidad del alumnado. La elaboración de este material docente responde a la necesidad de repensar la enseñanza de las Ciencias Naturales como una vinculada a la vida cotidiana del alumnado. Su desarrollo adquiere especial relevancia en la FIP, ya que permite que futuros docentes comprendan y apliquen enfoques pedagógicos basados en la evidencia, integren la normativa educativa vigente y adapten las estrategias a las necesidades del contexto escolar. Cada propuesta incluida ha sido seleccionada con cuidado con el objetivo de preparar a los docentes en formación inicial para que se enfrenten a los desafíos educativos actuales y fomenten prácticas que promuevan aprendizajes activos, inclusivos y orientados a la comprensión profunda de los contenidos científicos.

En definitiva, este libro invita al profesorado, a docentes en formación y a investigadores a explorar nuevas posibilidades metodológicas, reflexionar sobre sus prácticas y comprometerse con una enseñanza de las ciencias que despierte la curiosidad, promueva la equidad y contribuya a formar ciudadanos preparados para enfrentar los desafíos del siglo XXI, mediante un aprendizaje competencial. De este modo, en palabras de Cañal de León (2017): «La enseñanza de Ciencias Naturales debe ir acompañada de una visión crítica, creativa y culturalmente sensible».

El enfoque de las metodologías activas e inclusivas se sustenta en el aprendizaje constructivista, que sitúa al alumnado como agente principal en la generación de su conocimiento individual (Piaget, 1973; Vygotsky, 1978). En la enseñanza de las ciencias en Educación Primaria, estas metodologías favorecen la experimentación, el pensamiento crítico y la resolución de problemas, lo que favorece el desarrollo de un aprendizaje significativo, globalizado y contextualizado (Ausubel, 1978). Autores como Marín-Quintero (2021) señala que la experiencia evidencia que la implementación de un modelo de práctica experimental orientado a la resolución de problemas fortalece la formación de futuros docentes de ciencias naturales, integrando teoría y experimentación de manera coherente y promoviendo propuestas educativas más significativas y alineadas con la naturaleza de la ciencia y la investigación educativa actual.

En España, se reconoce la importancia de estas metodologías para el alcance de competencias científicas que ofrezcan al alumnado la posibilidad de comprender el mundo natural y actuar de forma responsable. Por tanto, el profesorado ha de crear ambientes de aprendizaje innovadores y significativos que garanticen la calidad del proceso educativo. La puesta en práctica de estrategias como el aprendizaje por proyectos, así como la indagación científica o el trabajo cooperativo, están muy recomendadas para potenciar la motivación y el aprendizaje activo en el aula.

En la dirección anterior, el sistema educativo actual, regulado por la Ley Orgánica 2/2006, de 3 de mayo, de Educación (LOE), modificada por la Ley Orgánica 3/2020, de 29 de diciembre, por la que se modifica la Ley Orgánica 2/2006, de 3 de mayo, de Educación (LOMLOE), establece que la educación debe garantizar el desarrollo integral del alumnado y fomentar metodologías activas que promuevan el aprendizaje significativo y la adquisición de competencias, tanto claves como específicas. Por su parte, Prieto *et al.* (2025) subrayan la importancia de llevar a cabo en el aula metodologías que desarrollen el pensamiento crítico, el trabajo no solo individual, sino también en equipo y la capacidad para resolver problemas reales para potenciar que los alumnos y alumnas sean autónomos y críticos en la sociedad actual.

En el aprendizaje de ciencias, el Real Decreto 157/2022 recoge de forma explícita la necesidad de fomentar metodologías activas, orientadas a la experimentación, la indagación y el aprendizaje colaborativo. El alumnado de Educación Primaria ha de alcanzar los objetivos generales de la etapa para conseguir un aprendizaje competencial que le permita participar de manera activa en la sociedad, a través del desarrollo de capacidades. En este sentido, en el área de CMN se desarrolla el conocimiento de Ciencias Naturales para favorecer en el alumnado el desarrollo de competencias que le brinden la posibilidad de comprender el entorno y construir un pensamiento crítico y reflexivo.

El proceso evaluativo en la educación de las Ciencias Naturales ha experimentado transformaciones profundas que reflejan no solo los avances en la comprensión del aprendizaje temprano, sino también las transformaciones fundamentales en la manera de entender la ciencia y cómo enseñarla. Este recorrido histórico nos permite comprender cómo hemos llegado a las prácticas evaluativas actuales y vislumbrar hacia dónde se dirige la evaluación en este campo fundamental de la Educación Primaria. En este sentido, a finales del siglo XIX y comienzos del XX, la educación científica en el nivel educativo primario comenzó a formalizarse cuando las escuelas incorporaron de forma gradual las Ciencias Naturales como materia de estudio, influenciadas por los avances científicos de la época y la necesidad de formar ciudadanos más instruidos. Esta primera etapa se caracterizó por un enfoque fundamentalmente memorístico donde la evaluación se centraba en la reproducción de conocimientos factuales a través de exámenes orales y escritos que priorizaban la nomenclatura científica y las clasificaciones. El docente se limitaba a ser una figura autoritaria que determinaba de forma unilateral el valor del conocimiento del estudiante, mientras que la evaluación se realizaba solo al final de periodos de instrucción para certificar el aprendizaje. Esta época se distinguió por una visión estática del conocimiento científico, donde los estudiantes eran concebidos como receptores pasivos de información y la evaluación no consideraba los procesos cognitivos ni las diferencias individuales en el aprendizaje (Ausubel, 1978).

El periodo comprendido entre 1920 y 1950 marcó una revolución psicométrica impulsada por el desarrollo de la psicología educativa y los trabajos pioneros de Binet y Simon (1916) y Terman (1916) en el campo de la medición de la inteligencia, los cuales influyeron de forma significativa en la evaluación educativa. En Ciencias Naturales, esto se tradujo en intentos de medir con objetividad el aprendizaje científico mediante la aparición de las primeras pruebas objetivas específicamente diseñadas para evaluar conocimientos científicos. Este periodo introdujo un enfoque cuantitativo que buscaba precisión numérica en la medición del aprendizaje, así como los primeros intentos de adaptar la evaluación a las etapas de desarrollo cognitivo y el establecimiento de normas para comparar el rendimiento del alumnado (Cronbach, 1949). La introducción de métodos cuantitativos permitió una evaluación más sistemática, aunque aún limitada en su comprensión de la complejidad del aprendizaje científico en la infancia.

Tyler revolucionó la evaluación educativa con su obra *Basic Principles of Curriculum and Instruction* (1949), pues estableció el modelo de evaluación por objetivos que dominó la educación durante las décadas de 1950 a 1970. Este paradigma tyleriano introdujo principios fundamentales como la definición precisa de lo que los estudiantes debían aprender en ciencias, la correspondencia entre objetivos, enseñanza y evaluación, y la concepción de la evaluación como mecanismo para verificar el cumplimiento de los objetivos. La aplicación de la taxonomía de Bloom (1956) a las Ciencias Naturales permitió una clasificación más sistemática de los objetivos educativos. En el contexto específico de las Ciencias Naturales, esta etapa se distinguió por el avance de objetivos específicos para cada área del conocimiento científico, el énfasis en habilidades científicas básicas como observación, clasificación y medición, y la transición de la evaluación normativa hacia la evaluación por criterios. A pesar de sus importantes aportes, el modelo tyleriano fue criticado por su rigidez y por no considerar efectos no previstos del aprendizaje, aspecto en especial relevante en la exploración científica infantil.

Los trabajos de Piaget acerca del desarrollo cognitivo y la construcción del conocimiento transformaron de forma radical la comprensión del aprendizaje científico en la infancia durante el periodo comprendido entre 1970 y 1990 (Piaget, 1970), mientras que las contribuciones posteriores de Vygotsky sobre la *zona de desarrollo próximo* añadieron una dimensión social crucial al proceso (Vygotsky, 1978). Esta revolución constructivista generó cambios paradigmáticos fundamentales: la evaluación comenzó a interesarse por cómo los niños y niñas crean el conocimiento científico más que por los productos finales.

Así, se reconoció que el alumnado tiene ideas previas sobre los fenómenos naturales, se desarrolló la evaluación diagnóstica para identificar conocimientos previos como punto de inicio para la enseñanza y se consolidó la evaluación formativa como estrategia para mejorar el aprendizaje durante el proceso. Scriven (1967) estableció la diferencia fundamental entre evaluación formativa y sumativa, lo que revolucionó la comprensión de los propósitos evaluativos. En Ciencias Naturales, esto significó la evaluación continua del proceso de indagación científica, la provisión de retroalimentación constante para guiar el aprendizaje, así como el reconocimiento del error como elemento del proceso de aprendizaje.

Entre 1990 y 2010, el concepto de evaluación auténtica, desarrollado por autores como Wiggins (1993) y Newmann (1996), enfatizó la importancia de evaluar en contextos reales y significativos, mientras que de forma paralela el enfoque por competencias transformó la educación científica. Esta era se caracterizó por la evaluación de la aplicación del conocimiento científico en contextos reales, el desarrollo de habilidades complejas como el pensamiento crítico y la resolución de problemas, la diversificación de instrumentos evaluativos, incluyendo portafolios, proyectos de investigación y presentaciones orales, y la incorporación de autoevaluación y coevaluación.

Stufflebeam propuso el modelo CIPP (contexto, insumo, proceso, producto), que permitió una evaluación más integral de los programas educativos en ciencias (Stufflebeam, 2003), considerando el entorno de aprendizaje científico, el estudio de los materiales y herramientas educativas, la evaluación de la implementación de actividades científicas, así como la valoración de los resultados del aprendizaje. En las clases de Ciencias Naturales, esto se puede traducir en proyectos de investigación estudiantil sobre problemas ambientales, evaluación del proceso de indagación científica, valoración de la comunicación científica infantil e integración de tecnología en los procesos evaluativos.

Sin embargo, la revolución digital ha transformado desde 2010 hasta el presente no solo cómo enseñamos ciencias, sino cómo evaluamos el aprendizaje científico, con la aparición de dispositivos móviles, simulaciones interactivas y herramientas de análisis de datos, que han abierto nuevas posibilidades evaluativas. Las innovaciones contemporáneas incluyen el uso de plataformas tecnológicas para la evaluación continua, la incorporación de elementos lúdicos en la evaluación científica a través de la gamificación, la evaluación en entornos científicos virtuales mediante simulaciones y realidad virtual, y el uso de *big data* para comprender patrones de aprendizaje a través de analíticas de aprendizaje.

La verdadera innovación pedagógica no se mide por la novedad de los recursos ni por la última tecnología, sino por su capacidad para transformar la experiencia de aprender en algo vivo, significativo y cercano, fomentando así un aprendizaje competencial y orientado hacia la sostenibilidad. *Si logramos que una niña o un niño se maravillen al observar cómo una pequeña semilla se abre paso hacia la luz, o se emocionen al descubrir que su cuerpo está formado por huesos que lo sostienen, entonces habremos sembrado algo mucho más valioso que conocimiento: una semilla de amor por el aprendizaje, una curiosidad que puede crecer y florecer toda la vida, con conciencia del impacto que tienen sus acciones en el mundo.*

El desarrollo de la ciencia y la tecnología depende del diseño de políticas, programas y proyectos que respondan a las necesidades formativas de la ciudadanía, lo que implica que el sistema educativo asuma un papel central en la alfabetización científica y en la construcción del perfil científico de los alumnos y alumnas, junto con la influencia de la familia y los medios de comunicación. Sin embargo, estudios posteriores muestran que una visión reducida de la ciencia, centrada solo en contenidos, limita las herramientas para enfrentar problemas y genera desinterés por sus dimensiones políticas y sociales, lo que evidencia la necesidad de renovar la enseñanza de la ciencia según la época, el contexto cultural y el componente afectivo del aprendizaje.

La integración de ciencia, tecnología, ingeniería, arte y matemáticas en el enfoque STEAM ha demandado el desarrollo de nuevos enfoques evaluativos, que contemplan tanto la valoración de las conexiones entre diferentes áreas del conocimiento como la evaluación de los procesos de ingeniería y diseño, así como la apreciación de la innovación y la originalidad en la investigación. En este marco, la formación STEAM para docentes de ciencias naturales se presenta como un enfoque innovador que fortalece la motivación, las competencias creativas y comunicativas, y la aplicación de metodologías activas, lo que subraya la necesidad de profundizar en investigaciones que respalden su implementación y sus efectos en la educación científica (Camacho-Tamayo y Bernal-Ballén, 2024). Las tendencias actuales en evaluación se orientan a sistemas adaptativos que consideran el nivel de cada estudiante, proporcionan retroalimentación inmediata que guía el aprendizaje, valoran el trabajo científico colaborativo y promueven la conciencia ambiental y la responsabilidad social.

El análisis histórico de la educación científica muestra patrones significativos en su evolución, que incluyen la transición de enfoques cuantitativos simples hacia una comprensión cualitativa del aprendizaje, el cambio de atención desde los resultados hacia los procesos de construcción del conocimiento y el reconocimiento de las diferencias individuales y culturales en el aprendizaje científico, así como el avance hacia enfoques interdisciplinarios y contextualizados, más pertinentes para el entorno del alumnado.

Los retos educativos incluyen equilibrar evaluación formativa y sumativa en contextos de alta responsabilidad, integrar tecnología de manera significativa sin perder el enfoque pedagógico, desarrollar competencias científicas mientras se mantienen estándares académicos, y formar docentes en nuevos enfoques de enseñanza y aprendizaje para desarrollar la alfabetización científica. Es fundamental fomentar competencias científicas en el alumnado, como la capacidad de identificar fenómenos, investigar, comunicar resultados, explicar conceptos y colaborar en equipo. En particular, el trabajo en grupo fortalece la dinámica de aprendizaje dentro del aula.

Las tendencias futuras apuntan hacia sistemas de evaluación inteligentes que proporcionan retroalimentación personalizada mediante inteligencia artificial, evaluación en entornos científicos inmersivos a través de realidad aumentada, certificación segura y transparente de competencias científicas usando *blockchain* (Grech & Camilleri, 2017), y evaluación basada en el conocimiento del funcionamiento cerebral a través de la neuroeducación. Sin embargo, el futuro de la evaluación debe considerar aspectos éticos cruciales como la privacidad y protección de datos estudiantiles, la equidad en el acceso a tecnologías evaluativas, la preservación de la dimensión humana en la evaluación y la responsabilidad social de la educación científica. De hecho, la incorporación de la realidad aumentada en la educación superior contribuye de forma significativa a incrementar la motivación del alumnado (Soriano-Sánchez y Jiménez-Vázquez, 2025).

Esta evolución histórica de la evaluación en Didáctica de las Ciencias Naturales refleja una comprensión cada vez más sofisticada del aprendizaje y la naturaleza de la ciencia. Desde los enfoques memorísticos del siglo XIX hasta las evaluaciones digitales contemporáneas, hemos transitado hacia concepciones más inclusivas, procesuales y auténticas de la evaluación. Esta evolución no ha sido lineal ni uniforme, sino que ha estado marcada por debates paradigmáticos, innovaciones tecnológicas y cambios sociales que han configurado el panorama actual. Comprender esta historia resulta esencial para los educadores contemporáneos, pues les permite tomar decisiones informadas sobre sus prácticas evaluativas y contribuir de modo consciente a la siguiente fase de esta evolución continua.

En la actualidad, la Didáctica de las Ciencias se configura como un espacio de investigación en el que convergen intereses con relación a la formación docente, la incorporación de modelos interculturales, el impacto de los paradigmas educativos y la integración de la tecnología en la enseñanza de las Ciencias Naturales (Beltrán-Garcés, 2023). El futuro de la enseñanza y evaluación en Ciencias Naturales se perfila como un proceso cada vez más personalizado, mediado por la tecnología y orientado hacia la responsabilidad social, sin que ello implique abandonar los principios esenciales de validez, confiabilidad y equidad, los cuales seguirán constituyendo el núcleo de cualquier sistema que aspire a promover de forma auténtica el aprendizaje científico en la Educación Primaria. Para alcanzar este objetivo, el currículo debe articularse de manera flexible, priorizando la integración de competencias científicas, habilidades de pensamiento crítico y valores éticos en torno a contenidos significativos y contextualizados. Esto requiere la implementación de estrategias metodológicas activas y centradas en el alumno, entre las que destacan el aprendizaje basado en proyectos (ABP), la indagación guiada o la experimentación.

Las estrategias metodológicas permiten al alumnado construir conocimiento de manera autónoma y colaborativa, lo que fomenta la participación activa, el pensamiento crítico y la resolución de problemas. La planificación de espacios y tiempos de aprendizaje, junto con el uso de recursos didácticos y herramientas digitales, facilita la experimentación, la reflexión y el trabajo en equipo. En Ciencias Naturales, el aprendizaje trasciende la transmisión de conocimientos e integra saberes, habilidades, valores y compromiso ético. Las experiencias significativas y contextualizadas permiten a los estudiantes observar fenómenos, explorar su entorno, plantear preguntas y buscar respuestas de manera autónoma, conectando teoría y práctica y promoviendo la aplicación de los conceptos científicos en situaciones reales.

En consecuencia, el propósito de esta obra es proporcionar al alumnado en formación inicial del Grado de Educación Primaria un conjunto de estrategias, recursos y herramientas didácticas para la enseñanza de las Ciencias Naturales, diseñadas desde un enfoque inclusivo, activo y significativo. Se busca que este material facilite la comprensión profunda de los contenidos, la atención a la diversidad y el desarrollo de competencias docentes sólidas, formando futuros educadores capaces de planificar, implementar y evaluar prácticas de calidad, en aulas participativas, reflexivas y ajustadas razonablemente a las necesidades individuales de todos los estudiantes.

1. Fundamentos del aprendizaje de Ciencias Naturales en Educación Primaria

El aprendizaje de las Ciencias Naturales en la Educación Primaria constituye un pilar fundamental en la formación de ciudadanos críticos, informados y capaces de comprender el mundo natural y físico. En este nivel educativo, se establecen las bases para desarrollar competencias científicas, fomentar la curiosidad y promover una actitud indagadora hacia los fenómenos del entorno. Las fuentes epistemológicas del currículo se refieren a los fundamentos teóricos y conceptuales que orientan su diseño, desarrollo y evaluación. Estas fuentes permiten determinar qué conocimientos deben enseñarse, cómo y para qué, lo que otorga coherencia al proceso educativo. Entre las principales destacan:

- Fundamentos **pedagógicos o didácticos**. Aportan principios, métodos y enfoques educativos que guían la práctica docente. Se relacionan con las corrientes pedagógicas y modelos de enseñanza (tradicional, constructivista, por competencias, etc.). Favorece estrategias metodológicas para transformar la teoría científica en experiencias de aprendizaje concretas, lo que facilita la organización de proyectos, laboratorios escolares y actividades prácticas que estimulan la curiosidad y el pensamiento crítico.
- Fuente **epistemológica**. Analiza la naturaleza del conocimiento en sí mismo: cómo se construye, valida y organiza. Permite seleccionar los contenidos disciplinares considerando su lógica interna y su relación con otros saberes. Se relaciona con la interdisciplinariedad y la integración de conocimientos. Garantiza la rigurosidad científica del conocimiento, lo que evita errores conceptuales y permite integrar distintas disciplinas (biología, química, física, geografía) y promover una visión holística de la ciencia.
- Fuente **psicológica**. Se basa en teorías del aprendizaje y del desarrollo humano (Piaget, Vygotsky, Ausubel, Bruner, entre otros). Ayuda a seleccionar estrategias didácticas y contenidos según las características evolutivas y

cognitivas del alumnado. Orienta la enseñanza de las ciencias según el desarrollo cognitivo y emocional de los niños y niñas, lo que permite aplicar métodos activos como la experimentación, la indagación y el aprendizaje cooperativo, acordes a su capacidad de razonamiento.

- Fuente **sociológica**. Considera el contexto social, cultural, político y económico en el que se desarrolla la educación. Permite adaptar el currículo a las necesidades y realidades del entorno, buscando la transformación social y la equidad. De este modo, asegura que los contenidos estén conectados con la realidad social y cultural del alumnado, como los problemas ambientales locales o la salud comunitaria, y favorece la pertinencia y contextualización del aprendizaje, haciendo que los estudiantes comprendan la ciencia como una herramienta para mejorar su entorno.

- Fuente **filosófica**. Proporciona la visión del mundo, del ser humano y de la sociedad que orienta la educación. Define los valores, principios éticos y finalidades del currículo. Por ejemplo, corrientes como el humanismo, el pragmatismo o el constructivismo. Por tanto, permite definir la finalidad de enseñar ciencias, por ejemplo, si se busca formar ciudadanos críticos, con pensamiento científico y conciencia ambiental, ayudando a establecer valores éticos sobre el uso responsable del conocimiento científico y la sostenibilidad del entorno.

Las fuentes epistemológicas del currículo resultan fundamentales para el aprendizaje de las ciencias naturales en Educación Primaria, ya que permiten articular el conocimiento científico con las necesidades y características del alumnado. La fuente filosófica orienta la enseñanza hacia valores éticos y finalidades formativas, mientras que la sociológica contextualiza los contenidos en la realidad social y ambiental del entorno. Por su parte, la fuente psicológica asegura que los métodos utilizados respondan al desarrollo cognitivo y emocional de los niños y niñas, y fomenta la curiosidad y el pensamiento crítico. La fuente pedagógica o didáctica aporta estrategias para transformar la teoría en experiencias de aprendizaje significativas, y la epistemológica garantiza la rigurosidad científica e integración interdisciplinaria. En conjunto, estas fuentes aseguran que la enseñanza de las Ciencias Naturales sea integral, contextualizada y coherente, lo que ayuda al alumnado a desarrollar no solo conocimientos, sino también habilidades científicas y actitudes responsables frente a la naturaleza y la sociedad. La ciencia no solo es un conjunto de hechos, sino un proceso dinámico de construcción del conocimiento basado en la observación, la experimentación y la argumentación.

El enfoque constructivista ha influido de un modo profundo en la enseñanza de las ciencias. Según Piaget (1970), el aprendizaje constituye un proceso dinámico en el que el alumnado elabora sus conocimientos a través de la interacción con su entorno. En este sentido, el error no es visto como un fracaso, sino como una oportunidad para reconstruir ideas y avanzar hacia concepciones más complejas. Por su parte, Vygotsky (1978) resalta la dimensión social del aprendizaje y destaca la importancia del lenguaje, la mediación docente y la interacción con iguales en la construcción de significados. La *zona de desarrollo próximo* es clave en este contexto, ya que permite identificar el potencial de aprendizaje que los y las niñas pueden alcanzar con la guía adecuada. Estos postulados respaldan la necesidad de crear entornos de aprendizaje ricos en diálogo, experimentación y resolución de problemas, que conecten el conocimiento científico con la experiencia cotidiana del alumnado.

El *pensamiento científico* en Educación Primaria se caracteriza por su espontaneidad, curiosidad e imaginación. Aunque las ideas iniciales del alumnado pueden no ajustarse al conocimiento científico aceptado, estas representan construcciones lógicas dentro de su marco cognitivo. Es fundamental partir de estas concepciones previas para diseñar estrategias de enseñanza que generen conflictos cognitivos y promuevan el cambio conceptual. De hecho, las investigaciones sobre las ideas previas muestran que los niños y niñas poseen teorías intuitivas acerca del mundo natural. Por ejemplo, muchos creen que los objetos caen porque son «pesados» o que las plantas se alimentan del suelo como los animales comen comida. Enseñar ciencias en Educación Primaria requiere abordar estas concepciones erróneas de forma respetuosa y gradual, con la indagación como estrategia central. El desarrollo de habilidades de pensamiento científico en la FIP constituye un eje clave para preparar al futuro profesorado capaz de integrar ciencias, pedagogía y psicología, diseñando aprendizajes que empoderen al alumnado y transformen los entornos educativos.

La Didáctica de las Ciencias Naturales en la etapa educativa de Educación Primaria debe centrarse en la indagación científica, la resolución de problemas y el ABP. Esta aproximación permite que el alumnado se involucre de forma activa en la creación del conocimiento y, por tanto, desarrolle habilidades, entre las que se encuentran (Valencia *et al.*, 2025):

- La exploración mediante la observación.
- La generación de hipótesis.
- El tratamiento de la información.
- La justificación científica.

El enfoque indagatorio, promovido por organismos como la Organización de las Naciones Unidas para la Educación, la Ciencia y la Cultura (Unesco, 2006), busca situar al alumno y alumna como agente activo de su aprendizaje. Esto se traduce en prácticas pedagógicas que promueven la exploración del entorno, la manipulación de materiales concretos y la formulación de preguntas significativas. Asimismo, el uso del modelo 5E (*Engage, Explore, Explain, Elaborate, Evaluate*), propuesto por Bybee *et al.* (2006), ofrece un marco estructurado que facilita la enseñanza de las ciencias de manera efectiva y coherente con los principios del aprendizaje activo. En particular, estas fases son cinco:

- **Enganchar** (*Engage*). Se activa el interés del alumnado.
- **Explorar** (*Explore*). Se realizan actividades prácticas o de observación.
- **Explicar** (*Explain*). El alumnado elabora explicaciones con apoyo del profesorado.
- **Elaborar** (*Elaborate*). Se amplía el conocimiento mediante nuevas aplicaciones.
- **Evaluar** (*Evaluate*). Se reflexiona sobre el aprendizaje alcanzado.

Este modelo promueve una secuencia coherente, activa y flexible, alineada con los objetivos del currículo escolar. La enseñanza de las Ciencias Naturales en Educación Primaria ha de situarse en contextos significativos y relacionarse con otras disciplinas. De esta manera, se favorece una comprensión holística de los fenómenos y se promueve una educación científica con sentido. La transversalidad facilita el tratamiento de cuestiones reales como el cambio climático, la contaminación o la salud, desde una perspectiva integradora que combina ciencia, ética y ciudadanía. Este enfoque también responde a las necesidades de una educación inclusiva, multicultural y adaptada a la diversidad del alumnado, y reconoce la riqueza que aportan los distintos contextos socioculturales.

Enseñar ciencias en Educación Primaria implica mucho más que transmitir contenidos. Supone desarrollar tanto el pensamiento crítico como la curiosidad y la capacidad de indagar sobre el entorno. Los fundamentos del aprendizaje de las ciencias se basan en principios constructivistas, en la comprensión del pensamiento infantil y en metodologías activas que favorezcan la construcción de conocimientos significativos. En consecuencia, promover una alfabetización científica temprana es esencial para formar ciudadanos capaces de participar de manera informada en una sociedad cada vez más mediada por la ciencia, la tecnología y el uso de las tecnologías del aprendizaje y el conocimiento (TAC).

1.1. Enfoques pedagógicos contemporáneos en la didáctica de ciencias

La enseñanza de las ciencias ha transitado, en las últimas décadas, desde modelos centrados en la transmisión pasiva del conocimiento hacia enfoques que reconocen la complejidad del aprendizaje y la importancia del contexto social y cognitivo del alumnado. En este sentido, los enfoques pedagógicos contemporáneos se fundamentan en teorías constructivistas, socioculturales y críticas que orientan la enseñanza hacia la formación de un pensamiento científico auténtico y reflexivo. Estos enfoques también reconocen la necesidad de articular el conocimiento científico con las prácticas sociales y culturales, lo que propicia una alfabetización científica que garantiza al alumnado la posibilidad de actuar de manera responsable y crítica en su entorno.

El constructivismo, basado en los postulados de Piaget (1970) y Ausubel (2002), plantea que el aprendizaje trasciende de la simple recepción de datos y se configura como un proceso activo de construcción por parte del alumnado. Según esta perspectiva, el conocimiento científico debe ser interpretado y reelaborado a partir de las experiencias previas del alumno, sus esquemas cognitivos y el contexto en el que se encuentra. La Didáctica de las Ciencias desde este enfoque enfatiza la importancia de:

- Detectar y confrontar las ideas previas del estudiante, que muchas veces no coinciden con el conocimiento científico formal.
- Favorecer procesos de reflexión metacognitiva que permitan al alumnado revisar y ajustar sus concepciones.
- Asumir que el aprendizaje se desarrolla de manera progresiva y con avances que no siempre siguen una secuencia lineal.

Este enfoque promueve la necesidad de que los y las discentes actúen como mediadores y faciliten el acceso a situaciones que generen conflicto cognitivo y promuevan la construcción de nuevos esquemas conceptuales. A su vez, complementando la perspectiva constructivista, el enfoque sociocultural fundamentado destaca que el aprendizaje es un fenómeno social, mediado por el lenguaje, las interacciones y las prácticas culturales. La adquisición del conocimiento científico se produce a través de la participación en comunidades de práctica y la utilización de herramientas culturales, tales como:

- El lenguaje científico.
- Las tecnologías.
  Los métodos experimentales.

En la Didáctica de las Ciencias, esto implica:

- Valorar el diálogo y la colaboración como estrategias esenciales para el aprendizaje.
- Reconocer el contexto cultural y social del estudiante como un recurso y no una limitación.
- Utilizar la zona de desarrollo próximo para guiar al alumno desde su nivel actual hacia niveles más avanzados de comprensión científica.

Este enfoque también ha sido fundamental para la incorporación de la enseñanza contextualizada, que conecta los contenidos científicos con la vida cotidiana y los intereses del alumnado, haciendo la ciencia más relevante y significativa. Otro enfoque contemporáneo clave es el enfoque crítico, que retoma las ideas de Freire (1970) y otros teóricos de la educación crítica, para plantear la enseñanza de las ciencias no solo como una transmisión de conocimientos, sino también como un proceso que promueve la formación ética, social y cívica. Este enfoque sostiene que la ciencia está vinculada de forma intrínseca a intereses sociales, económicos y culturales, y que educar en ciencias implica formar a personas capaces de cuestionar, reflexionar y participar de forma activa en temas sociocientíficos.

Es esencial integrar en el currículo temas de relevancia social y ambiental. Promover el análisis crítico de las aplicaciones y consecuencias de los progresos en ciencia y tecnología. Así se fomenta la capacidad crítica y la conciencia ética del alumnado ante problemas como el cambio climático, los avances biotecnológicos, la salud pública y la justicia ambiental. La didáctica desde una visión crítica busca que la educación científica sea un instrumento de empoderamiento social y no solo de transmisión técnica. En consonancia con los planteamientos internacionales actuales, la Didáctica de las Ciencias adopta un enfoque orientado al desarrollo de competencias, entendidas como la habilidad de emplear recursos cognitivos, procedimentales y actitudinales para afrontar problemas en distintos contextos. Este enfoque trasciende la mera acumulación de contenidos y se enfoca en habilidades como:

- Razonamiento crítico y científico.
- Competencia para enfrentar y solucionar problemas de alta complejidad.
- Comunicación efectiva de ideas científicas.
- Trabajo colaborativo y uso responsable de la información.

Además, se valora la importancia de la interdisciplinariedad, conectando las ciencias con las matemáticas, la tecnología, la ética y las ciencias sociales, para abordar problemas reales desde una visión holística. Los enfoques pedagógicos contemporáneos en la Didáctica de las Ciencias configuran una perspectiva integral, compleja y dinámica del aprendizaje científico. Estos enfoques coinciden en la necesidad de poner al estudiante en el centro, valorando sus conocimientos previos, su contexto sociocultural y su potencial para construir sentido de manera autónoma y crítica. Esta perspectiva implica desafíos con respecto a una formación docente continua, así como al diseño curricular y las prácticas evaluativas, que deben acompañar estos cambios paradigmáticos. Asimismo, reclama políticas educativas que favorezcan la innovación, el desarrollo profesional y la investigación en educación científica.

La experiencia evidencia que la metodología de *Lesson Study*, un enfoque colaborativo en el que el profesorado planifica, observa, analiza y reflexiona sobre una misma lección de manera sistemática, constituye una herramienta fundamental en la FIP. Este enfoque no solo fomenta la reflexión crítica y la autorregulación del docente en formación, sino que también fortalece competencias esenciales como la planificación curricular, la mediación del aprendizaje, la gestión del aula y la adaptación de estrategias pedagógicas a contextos diversos. Además, se vincula con metodologías activas y colaborativas, lo que promueve la innovación en la enseñanza de las ciencias a través del uso de recursos experimentales, TIC y actividades prácticas que facilitan la comprensión conceptual y el desarrollo del pensamiento científico. Al integrar la observación sistemática y la retroalimentación constante, esta metodología contribuye a consolidar un aprendizaje profesional continuo, por lo que prepara a los futuros docentes para transformar de manera reflexiva y efectiva su práctica educativa en beneficio de su alumnado.

1.2. Modelos internacionales de enseñanza de ciencias

El aprendizaje de las ciencias en el ámbito escolar ha sido objeto de múltiples investigaciones y propuestas pedagógicas que han dado lugar a modelos educativos internacionales, los cuales sirven como referencia para sistemas educativos en todo el mundo. Estos modelos se diseñan considerando aspectos naturales, culturales, sociales y científicos, buscando optimizar la calidad del aprendizaje y la alfabetización científica en el alumnado (Osborne & Dillon, 2008).

A lo largo de las últimas décadas, la OCDE, la Unesco (Organización de las Naciones Unidas para la Educación, la Ciencia y la Cultura) y otras instituciones han promovido modelos educativos basados en competencias científicas, indagación activa, pensamiento crítico y contextualización. Por su parte, el programa PISA (*Programme for International Student Assessment*) de la OCDE se ha considerado en un referente global para la evaluación y mejora de la enseñanza de las ciencias en alumnado de 15 años. PISA no solo mide conocimientos, sino también la capacidad para aplicar la ciencia a situaciones cotidianas y para la toma de decisiones informadas. Entre sus características principales, se encuentran las siguientes:

- **Competencia científica.** Comprendida como la capacidad de interpretar fenómenos científicos, diseñar y evaluar investigaciones, así como de analizar datos y evidencias.
- **Contextualización.** Se evalúan capacidades en contextos reales o simulados relevantes para la vida diaria.

- **Pensamiento crítico.** Promueve el análisis y la argumentación en torno a problemas científicos y tecnológicos.
- **Enfoque interdisciplinario.** Integra saberes de ciencias naturales, tecnología, ingeniería y matemáticas (STEM).

Este modelo influye en el diseño curricular de numerosos países y promueve un cambio hacia aprendizajes significativos y aplicados. El modelo basado en la indagación es ampliamente reconocido y promovido por organizaciones como la Unesco y la NSTA (National Science Teachers Association). Este enfoque sostiene que el aprendizaje de las ciencias debe articularse mediante el proceso de indagación, imitando el método científico. Entre sus características, se encuentran las que se exponen a continuación:

- Fomenta que los estudiantes formulen preguntas, investiguen, experimenten y saquen conclusiones propias.
- Desarrolla habilidades científicas y el pensamiento crítico.
- Se adapta a diferentes niveles de autonomía, desde la indagación guiada hasta la indagación abierta.
- Está alineado con modelos curriculares de países líderes en educación científica, como Finlandia, Singapur y Canadá.

Asimismo, este modelo enfatiza el aprendizaje activo y el papel del docente como facilitador y guía del proceso investigativo. Otro modelo, promovido por la Unesco y adoptado en diversos países de América Latina y Europa, plantea la enseñanza de las ciencias orientada al fomento de competencias que integran conocimientos, habilidades y actitudes (Unesco, 2017). Sus principios fundamentales sostienen que la educación científica debe capacitar a los estudiantes para aplicar sus conocimientos en situaciones reales. Las competencias científicas incluyen comprensión conceptual, habilidades prácticas, comunicación y ética científica. Se prioriza el aprendizaje profundo y la transferencia de conocimientos. Este enfoque impulsa evaluaciones formativas y auténticas. El modelo busca articular la ciencia escolar con las demandas sociales, tecnológicas y ambientales contemporáneas.

Finlandia ha sido un referente internacional por sus altos resultados en educación y su enfoque innovador en ciencias. Su modelo se caracteriza por:

- Un currículo flexible y centrado en el alumnado.
- Enseñanza interdisciplinaria y contextualizada.
- Uso intensivo de proyectos y aprendizaje basado en problemas.
- Fuerte formación y autonomía docente.

Este modelo prioriza el bienestar del alumno y la equidad, y promueve el aprendizaje colaborativo y el pensamiento crítico desde edades tempranas.

Singapur es reconocido a escala mundial por sus destacadas evaluaciones PISA y TIMSS. Su modelo de enseñanza de las ciencias se fundamenta en:

- Un currículo progresivo, claro y bien estructurado.
- Orientación hacia la comprensión profunda de los conceptos científicos.
- Uso de la práctica deliberada y el aprendizaje espaciado.
- Integración de tecnología y actividades experimentales.

Este modelo integra un enfoque académico riguroso con el fomento de competencias prácticas y científicas.

Australia, a través de su currículo nacional (ACARA), destaca la ciencia no solo como un acervo de conocimientos, sino como una actividad humana dinámica y en continuo desarrollo (ACARA, 2019). Entre sus características, se encuentran las siguientes:

- Integración de contenidos, habilidades y valores.
- Promoción del pensamiento científico crítico.
- Fomento de la comprensión del impacto social y ético de la ciencia.
- Apoyo en la adquisición de habilidades para investigar y decidir de manera fundamentada.

Este enfoque conecta la enseñanza de las ciencias con problemas globales y locales, lo que alienta la participación ciudadana.

En suma, los modelos internacionales de enseñanza de las ciencias comparten principios fundamentales, por ejemplo:

- El aprendizaje activo.
- El desarrollo de competencias.
- La contextualización.
- La formación para la ciudadanía crítica.

No obstante, cada modelo refleja las características culturales, políticas y sociales de su contexto, lo cual resalta la necesidad de adaptar las prácticas exitosas a las particularidades de cada entorno. La integración de estos modelos ofrece una visión que propone fortalecer y transformar la educación científica, centrándola en capacitar a los estudiantes para afrontar los desafíos del siglo XXI con un sólido bagaje de conocimientos, habilidades prácticas y valores éticos y científicos.

La Didáctica de las Ciencias en Educación Primaria debe trascender la simple transmisión de contenidos y promover un aprendizaje integral que combine pensamiento, acción y comunicación. En este sentido, subraya la necesidad de que los estudiantes conciban la ciencia como una herramienta para interpretar la realidad, más allá de verla solo como un conjunto de conceptos o procedimientos. Además, destaca la importancia de desarrollar competencias científicas, pensamiento crítico y conciencia social, para que el alumnado comprenda el impacto de la ciencia en la sociedad y en sus propias decisiones. La educación debe enfocarse en fomentar una ciudadanía consciente, responsable y activa, superando estereotipos y fomentando valores como la autonomía, la cooperación y la participación activa. Por último, resalta el valor de los entornos colaborativos en el aula, donde las interacciones entre iguales permiten al alumnado contrastar y reorganizar sus ideas sobre los fenómenos naturales, lo que favorece un aprendizaje más profundo y relevante, abordado desde enfoques científicos y sociales.

En la actualidad, el currículo en la etapa educativa de la Educación Primaria debe fomentar la realización de situaciones de aprendizaje (SdA) que permitan la construcción de un producto final. Para ello, se han de interrelacionar y vincular los elementos curriculares de los diferentes bloques de contenidos para favorecer la adquisición de competencias y alcanzar los objetivos generales de la etapa. Estos objetivos se centran en que el alumnado desarrolle una comprensión del entorno natural, social y cultural, promoviendo comportamientos de respeto y responsabilidad hacia la sociedad y el entorno natural, establecidos en los decretos de cada comunidad autónoma (Decreto 101/2023, de 9 de mayo, por el que se establece la ordenación y el currículo de la etapa de Educación Primaria en la Comunidad Autónoma de Andalucía).

La normativa anterior se concreta en el plano curricular en las respectivas órdenes de enseñanza (Orden de 30 de mayo de 2023, por la que se desarrolla el currículo correspondiente a la etapa de Educación Primaria en la Comunidad Autónoma de Andalucía, se regulan determinados aspectos de la atención a la diversidad y a las diferencias individuales, se establece la ordenación de la evaluación del proceso de aprendizaje del alumnado y se determina el proceso de tránsito entre las diferentes etapas educativas). En la citada orden se establece que la finalidad del área de CMN es que el alumnado desarrolle actitudes responsables y respetuosas con el mundo en el que vive y aprenda los valores democráticos que defiende la Constitución española y el Estatuto de Autonomía de Andalucía.

1.3. Diferencias metodológicas, organizativas y curriculares

Las diferencias entre los enfoques metodológicos, organizativos y curriculares, como por ejemplo la enseñanza de las ciencias en Educación Primaria, responde a la diversidad de modelos educativos, marcos legislativos y concepciones sobre el aprendizaje. Estas diferencias no son solo técnicas, sino que reflejan decisiones ideológicas, culturales y pedagógicas que determinan cómo se entiende el conocimiento científico, qué se enseña, cómo se enseña y con qué propósito. Desde el punto de vista metodológico, algunos enfoques se alinean con las pedagogías activas, que sitúan al alumnado como protagonista del proceso de enseñanza y aprendizaje. Algunos ejemplos incluyen el ABP, el aprendizaje por indagación y las metodologías colaborativas, que se fundamentan en el enfoque constructivista, según el cual el conocimiento se desarrolla a través de la experiencia y la interacción social (Vygotsky, 1978). En contraposición, todavía se mantienen enfoques tradicionales, que se enfocan sobre todo en la transmisión de conocimientos y en el docente como figura principal, donde el énfasis se pone en la memorización y en la evaluación sumativa (Ausubel, 1968). Estas metodologías no son excluyentes, pero su combinación o predominio marca una diferencia sustancial en la experiencia educativa del alumnado.

En el plano organizativo, los sistemas escolares pueden estructurarse de forma más o menos flexible. Modelos innovadores proponen una organización que favorece la interdisciplinariedad, el trabajo en equipo docente y la reorganización de los tiempos y espacios para el desarrollo de proyectos. Por ejemplo, la integración de asignaturas como Ciencias Naturales, Matemáticas y Tecnología bajo un enfoque STEM requiere estructuras organizativas que permitan una coordinación eficaz entre el profesorado, así como la disposición de recursos y materiales adecuados. En cambio, otros modelos más tradicionales tienden a una organización rígida, fragmentada por materias y horarios estancos, que dificultan la conexión entre saberes y la contextualización del aprendizaje.

En cuanto a las diferencias curriculares, estas se evidencian en los enfoques utilizados para diseñar los contenidos y competencias que deben desarrollarse en el aula. Algunos currículos, como los inspirados en el modelo por competencias, buscan integrar saberes, habilidades y actitudes para formar ciudadanos críticos y autónomos. En este marco, las ciencias se enseñan no solo como un conjunto de contenidos, sino como una forma de pensar y de interactuar con el entorno. Por otro lado, existen propuestas curriculares más academicistas o disciplinares, centradas en la acumulación de conocimientos específicos, a menudo desvinculados del contexto y la vida cotidiana del alumnado. Estas decisiones curriculares también están condicionadas por factores sociopolíticos, como los estándares internacionales, las evaluaciones externas o las políticas de rendición de cuentas.

Entender estas diferencias facilita un análisis crítico de los principios que respaldan las prácticas educativas en ciencias y contribuye a que el profesorado tome decisiones más fundamentadas. Asimismo, abre la puerta a una reflexión sobre la coherencia entre lo que se pretende enseñar, el modo en que se organiza el sistema educativo y los métodos utilizados en el aula.

Al profundizar en este análisis, resulta esencial reconocer que la interacción entre los aspectos metodológicos, organizativos y curriculares no ocurre de manera aislada, sino que se entrelazan en la práctica diaria del profesorado. La manera en que se planifica una clase de Ciencias Naturales, el modo en que se distribuyen los tiempos y la elección de actividades responden a un marco más amplio de decisiones educativas. En este sentido, la FIP cobra especial relevancia, ya que es en este proceso donde se construyen las bases conceptuales y pedagógicas que influirán en sus prácticas futuras.

La FIP debe contemplar no solo el dominio de los contenidos disciplinares, sino también la comprensión de los fundamentos pedagógicos que orientan la enseñanza de las ciencias. De este modo, se promueve que los futuros docentes desarrollen una mirada crítica frente a los distintos enfoques y sean capaces de seleccionar, combinar o adaptar metodologías en función de las necesidades reales del alumnado. Esta preparación implica, además, la reflexión sobre el papel del profesorado como mediador entre el conocimiento científico y la experiencia cotidiana de los estudiantes, lo cual exige sensibilidad pedagógica, creatividad y capacidad de innovación.

1.4. Pasos para la elaboración de una unidad didáctica

La programación consiste en un conjunto de acciones que el profesorado realiza, ya sea en equipo, ya sea en grupos más pequeños, para llevar a cabo la actividad educativa de manera específica. De este modo, implementan experiencias de aprendizaje que contribuirán a formar el currículo que seguirá el alumnado. Dentro de la programación, una unidad didáctica (UD) es un bloque estructurado de enseñanza que organiza objetivos, competencias, saberes básicos, actividades y criterios de evaluación. Su finalidad es guiar el proceso de enseñanza-aprendizaje de manera sistemática, asegurando que el alumnado alcance los aprendizajes previstos, tal y como indica Antúnez *et al.* (2010).

La secuenciación didáctica es el componente operativo de la UD. Mientras la UD establece qué se va a enseñar y qué se espera lograr, la secuenciación define cómo se llevará a cabo ese aprendizaje, distribuyendo las actividades de manera progresiva y coherente. Cada fase de la secuencia (inicio, desarrollo y cierre) se diseña para facilitar la construcción de conocimiento y competencias.

Por ejemplo, aplicando el ciclo de aprendizaje experiencial de Kolb en Ciencias Naturales en Educación Primaria:

- **Experiencia concreta.** Observación de un experimento sobre el crecimiento de plantas.
- **Reflexión sobre la experiencia.** Discusión en grupo sobre los resultados y fenómenos observados.
- **Conceptualización abstracta**. Explicación científica de los procesos biológicos implicados.
- **Experimentación activa.** Nuevas actividades prácticas para aplicar lo aprendido, como modificar variables del experimento.

La secuenciación didáctica debe responder a (figura 1.1):

Figura 1.1. Elementos de la secuencia didáctica

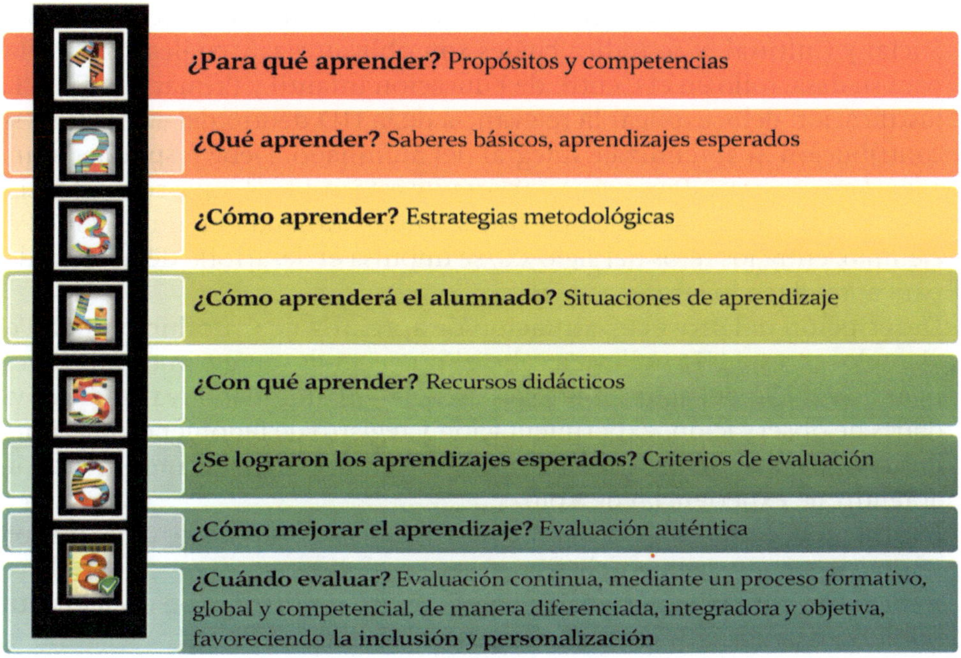

¿Para qué aprender? Propósitos y competencias

¿Qué aprender? Saberes básicos, aprendizajes esperados

¿Cómo aprender? Estrategias metodológicas

¿Cómo aprenderá el alumnado? Situaciones de aprendizaje

¿Con qué aprender? Recursos didácticos

¿Se lograron los aprendizajes esperados? Criterios de evaluación

¿Cómo mejorar el aprendizaje? Evaluación auténtica

¿Cuándo evaluar? Evaluación continua, mediante un proceso formativo, global y competencial, de manera diferenciada, integradora y objetiva, favoreciendo **la inclusión y personalización**

Fuente: Elaboración propia

De esta manera, la UD se implementa a través de una secuenciación didáctica planificada, que convierte los objetivos del currículo en experiencias de aprendizaje significativas, lo que fomenta competencias científicas, pensamiento crítico y habilidades de resolución de problemas.

En la praxis educativa, la programación didáctica de cada curso académico está integrada por 12 UD, cada una de ellas con su temporalización, la cual es fijada por Jefatura de Estudios. De este modo, a modo de ejemplo, una UD estaría formada por una serie de apartados que analizamos a continuación.

- **Descripción.** Curso de escolarización, área, título, centro de interés, número de UD, efemérides (si las hay) y temporalización. Por ejemplo, la presente UD se imparte en el 3.º curso de Educación Primaria, dentro del área de CMN, bajo el título «Los seres vivos y su entorno», con el objetivo de que los alumnos comprendan la diversidad de animales y plantas de su entorno y las interacciones que mantienen con el medio. Esta UD constituye la última unidad del trimestre y se vincula con efemérides como el Día Mundial del Medio Ambiente (5 de junio), permitiendo integrar actividades significativas. Su temporalización se estima en once sesiones de 50 minutos cada una, distribuidas a lo largo de dos semanas (indicar las fechas), lo que favorece la comprensión progresiva de los contenidos y el desarrollo de competencias científicas básicas. En el anexo 1 se presenta la cronológica con las efemérides relacionadas con el área de Ciencias Naturales, Medio Natural, Social y Cultural, y se indica cuáles son obligatorias y cuáles voluntarias para su desarrollo en el Centro de Educación Infantil y Primaria (CEIP). La justificación debe explicar la relevancia de la UD dentro del currículo y su contribución al aprendizaje integral del alumnado. Debe responder a una serie de preguntas: ¿Por qué es importante esta unidad?, ¿qué competencias desarrolla?, ¿cómo se relaciona con la vida cotidiana del alumnado? Por ejemplo, entre los retos del siglo XXI, se impulsa el desarrollo de habilidades para aprender a lo largo de la vida.
- **Descripción del proyecto, situación de aprendizaje y producto final.** Por ejemplo, en esta UD se lleva a cabo el proyecto docente trimestral «Investigando el ciclo del agua en nuestra escuela». El alumnado realizará actividades de observación, experimentación y registro de fenómenos relacionados con la evaporación, condensación y precipitación, aplicando el ciclo de aprendizaje experiencial de Kolb.
- **Experiencia concreta.** Observar cómo el agua se evapora de un recipiente y condensa en una superficie fría.
- **Reflexión sobre la experiencia.** Comparar los resultados con el ciclo natural del agua y discutir causas y efectos.
- **Conceptualización abstracta.** Explicación de conceptos científicos como evaporación, condensación y precipitación.
- **Experimentación activa.** Crear un pequeño ecosistema cerrado (terrario con agua y plantas) y registrar los cambios observados.

    Para ello, se plantea una situación de aprendizaje (SdA) que permite organizar el aula y espacios al aire libre para que los grupos de alumnos realicen observaciones directas y registren datos en sus cuadernos de campo. El producto final consiste en la elaboración de un diario del ciclo del agua con registros de observaciones, dibujos, esquemas y conclusiones sobre cómo el agua circula en el ecosistema y su importancia para la vida.

- **Concreción curricular.** Esta consiste en el proceso mediante el cual el currículo oficial se adapta y especifica para ser implementado en el aula, teniendo en cuenta las características y necesidades del alumnado y del contexto educativo. Este proceso es fundamental para garantizar una educación inclusiva, equitativa y de calidad, alineada con los principios y fines establecidos en la LOE-LOMLOE. Los niveles de concreción curricular, de lo más general a lo más específico, son cuatro:

  - **Nivel estatal.** Corresponde al Ministerio de Educación y Formación Profesional, que establece las enseñanzas mínimas, lo que incluye objetivos, competencias, contenidos, criterios de evaluación y metodologías para cada etapa educativa, que en el caso de España queda reflejado en la LOE-LOMLOE.

  - **Nivel autonómico.** Las comunidades autónomas desarrollan su propio currículo educativo y adaptan las enseñanzas mínimas a su contexto y, en algunos casos, incorporan lenguas cooficiales. Viene reflejado en los decretos de enseñanza que, en el caso de Andalucía, es el 101/2023.

  - **Nivel de centro.** Los centros educativos elaboran su proyecto educativo de centro (PEC), que establece la identidad, visión, misión y valores de la institución educativa, integrándose en el Plan de Centro. El PEC queda compuesto por el Plan de Orientación y Acción Tutorial (POAT), el Plan de Atención a la Diversidad, las líneas generales de actuación pedagógica, el Plan de Convivencia, objetivos generales del centro, entre otros. Además, contextualiza el currículo oficial y autonómico, y establece principios metodológicos, criterios de evaluación y medidas de atención a la diversidad. Para ello, en la actualidad, la concreción curricular del decreto anterior se establece en la Orden de 30 de mayo de 2023, por la que se desarrolla el currículo de Educación Primaria en la Comunidad Autónoma de Andalucía, entre otros aspectos.

  - **Nivel de aula.** El profesorado, por autonomía pedagógica, diseña la programación didáctica, que traduce el currículo en propuestas concretas de enseñanza y aprendizaje, adaptadas a las características y necesidades del grupo de alumnos y alumnas que se encuentran escolarizados en ese momento. Las programaciones didácticas incluirán actividades de aprendizaje que combinen los contenidos de las distintas áreas, con el fin de asegurar que la labor educativa considere la diversidad del alumnado, sus particularidades, necesidades e intereses, promueva la igualdad real entre hombres y mujeres y se adapte a los estilos cognitivos de los estudiantes.

La concreción curricular abarca diversos apartados que aseguran una planificación coherente y adaptada a la realidad del aula. Estos se incluyen en la figura 1.2.

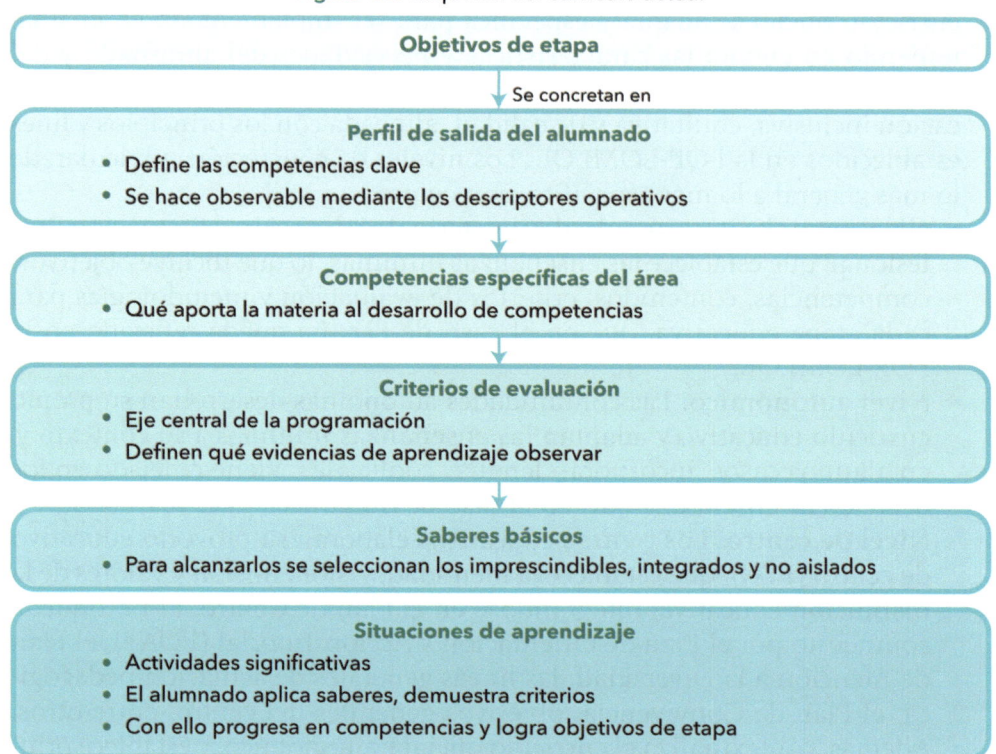

Figura 1.2. Esquema del currículo actual

Objetivos de etapa

Se concretan en

Perfil de salida del alumnado
- Define las competencias clave
- Se hace observable mediante los descriptores operativos

Competencias específicas del área
- Qué aporta la materia al desarrollo de competencias

Criterios de evaluación
- Eje central de la programación
- Definen qué evidencias de aprendizaje observar

Saberes básicos
- Para alcanzarlos se seleccionan los imprescindibles, integrados y no aislados

Situaciones de aprendizaje
- Actividades significativas
- El alumnado aplica saberes, demuestra criterios
- Con ello progresa en competencias y logra objetivos de etapa

Fuente: Elaboración propia

- **Objetivos de etapa.** Definen lo que se espera que el alumnado logre al finalizar una etapa y cuyo alcance está vinculado a la consecución de competencias clave. Entre los objetivos de etapa, se encuentran el desarrollo de los siguientes: a) conocer y proteger el patrimonio natural y cultural; b) fomentar la higiene, la salud y los hábitos de vida saludables; c) valorar y cuidar a los animales cercanos al ser humano; d) promover una movilidad activa, segura y responsable.
- **Competencias clave.** Representan aquellos aprendizajes y capacidades esenciales que permiten al alumnado avanzar con éxito en su proceso educativo y enfrentarse de manera adecuada a los principales retos y desafíos, tanto a escala global como local.
- **Descriptores operativos del perfil de salida.** Indican de forma clara y precisa qué sabe, qué sabe hacer y cómo se comporta un alumno o alumna cuando ha desarrollado una competencia. Dicho de otro modo, son la manera de concretar en acciones visibles lo que el alumnado debe demostrar para comprobar que realmente ha alcanzado los objetivos de aprendizaje en un área o materia.

- **Competencias específicas.** Las competencias específicas se definen como las actuaciones que el alumnado ha de poner en práctica en distintas actividades o situaciones, en las que resulta necesario aplicar los saberes fundamentales de cada área. Estas competencias actúan como un nexo que vincula, por un lado, las competencias clave, y por otro, los saberes básicos y los criterios de evaluación.

En la figura 1.3 se presentan de forma resumida las competencias específicas relacionadas con el área de CMN en Educación Primaria. Estas cuatro competencias específicas permiten integrar el conocimiento científico con la vida cotidiana, lo que favorece un pensamiento crítico y responsable. Al mismo tiempo, promueven el cuidado personal y del entorno, y contribuyen a formar ciudadanos conscientes, capaces de actuar con compromiso hacia la sostenibilidad y la conservación del patrimonio natural.

Figura 1.3. Competencias específicas resumidas: Ciencias Naturales

Pensamiento científico

Aplicar el método científico para interpretar y explicar fenómenos

Bienestar personal

Conocer el cuerpo y fomentar hábitos saludables basados en la ciencia

Sostenibilidad

Comprender la intervención humana en el entorno y promover estilos de vida sostenibles

Patrimonio natural

Observar y analizar elementos del medio para su conservación responsable

Fuente: Elaboración propia, adaptada de la Orden de 30 de mayo de 2023.

- **Criterios de evaluación.** Son los parámetros o referentes que permiten valorar el grado de desempeño que se espera del alumnado en las actividades o situaciones vinculadas a las competencias específicas de cada área, en un momento concreto de su proceso de aprendizaje. Para interpretar el currículo, es necesario saber que los criterios de evaluación siguen lo establecido en la Orden de 30 de mayo de 2023 y quedan estructurados por ciclos (tabla 1.1).

Tabla 1.1. Ejemplo para la interpretación de los criterios de evaluación

Primer Ciclo		Segundo Ciclo		Tercer Ciclo	
1.º	2.º	3.º	4.º	5.º	6.º
1.1.a	1.1.b	1.1.a	1.1.b	1.1.a	1.1.b
2.1.a	2.1.b	2.1.a	2.1.b	2.1.a	2.1.b

Fuente: Elaboración propia

De la tabla anterior se deduce que los criterios de evaluación del primer curso de cada ciclo se corresponden con la letra *a*, mientras que los del segundo curso de cada ciclo se identifican con la letra *b*.

- **Contenidos en forma de saberes básicos.** Detallan el conjunto de conocimientos, destrezas y actitudes que constituyen los contenidos propios de un área y cuyo aprendizaje es necesario para la adquisición de las competencias específicas. En este sentido, los saberes básicos del área de CMN en la etapa de Educación Primaria, conforme establece la Orden de 30 de mayo de 2023, se vertebran en los siguientes tres bloques:
  - **Cultura científica.** Permite al alumnado desarrollar el pensamiento científico mediante la investigación y la indagación, para comprender el mundo natural y social, el funcionamiento del cuerpo humano, las relaciones entre seres vivos y su entorno, y el impacto de la ciencia en la vida cotidiana, así como fomentar hábitos saludables, reflexión crítica y la valoración del esfuerzo en el aprendizaje.
  - **Tecnología y digitalización.** Este bloque fomenta el desarrollo de proyectos cooperativos y el pensamiento computacional, al tiempo que forma al alumnado en el uso responsable y creativo de herramientas digitales, convirtiéndolo en protagonista de su aprendizaje y facilitando la construcción de conocimientos significativos.
  - **Sociedades y territorios.** Este bloque fomenta en el alumnado una visión cívica, democrática y sostenible del mundo, utilizando el pensamiento histórico para comprender la evolución de las sociedades y las interac-

ciones entre actividades humanas y el medio, al tiempo que valora el patrimonio, la realidad social y cultural de Andalucía y promueve hábitos responsables hacia los Objetivos de Desarrollo Sostenible (ODS).

El currículo se construye de arriba abajo (desde el perfil de salida), pero la programación docente parte de los criterios de evaluación. El currículo de Educación Primaria se organiza desde una perspectiva competencial. El punto de partida es el perfil de salida del alumnado, que concreta los objetivos de etapa a través de las competencias clave y se hace más observable mediante los descriptores operativos, es decir, enunciados que indican de manera práctica cómo debe manifestarse cada competencia. A partir de este perfil se formulan las competencias específicas de cada área, que detallan qué contribución hace cada materia al desarrollo global del estudiante. Estas se concretan en criterios de evaluación, que constituyen el eje central de la programación, ya que definen qué evidencias de aprendizaje deben recogerse.

En función de dichos criterios se seleccionan los saberes básicos, los contenidos imprescindibles para poder alcanzarlos, y todo ello se articula finalmente en SdA, actividades significativas en las que el alumnado aplica los saberes, demuestra los criterios y avanza en el logro de las competencias, dando así cumplimiento tanto a los descriptores operativos como a los objetivos de etapa.

La importancia de los elementos curriculares anteriores radica en que sirven de base y orientación para diseñar SdA coherentes, significativas y alineadas con los objetivos, asegurando que el alumnado desarrolle competencias de manera integrada y aplicada. De este modo, el producto final se convierte en la evidencia tangible de ese proceso, ya que refleja cómo los estudiantes han puesto en práctica los saberes básicos, han respondido a los criterios de evaluación y han avanzado en las competencias clave previstas en el currículo.

En el anexo 2 se propone una actividad que permite familiarizarse con el currículo y desarrollar la capacidad de interrelacionar sus diferentes elementos como futuro maestro o maestra de Educación Primaria. Seguidamente, el Anexo 3 invita la realización de la actividad. Para ello, se puede llevar a cabo por grupos de trabajo o de manera individual.

- **Fomento de la transversalidad.** Por ejemplo, la UD incorpora de manera transversal diversos elementos que enriquecen el aprendizaje y lo conectan con competencias y contenidos más amplios:
- **ODS.** Se promueve la conciencia sobre la sostenibilidad y la importancia del cuidado del medio ambiente, vinculando los contenidos científicos con metas globales como el acceso al agua limpia, la conservación de los ecosistemas y la educación de calidad.

- **Patrimonio natural y cultural.** Se fomenta el conocimiento y valoración del entorno local, integrando contenidos que permitan al alumnado reconocer la riqueza natural y cultural de su comunidad y su relación con los procesos científicos estudiados.
- **Plan de Fomento de la Lectura.** Se incentiva la lectura comprensiva y crítica mediante textos informativos, guías de experimentos y material de apoyo relacionado con la unidad, promoviendo el hábito lector y la adquisición de vocabulario científico.
- **Plan de Razonamiento Matemático.** Se integran actividades que implican medir, registrar, analizar e interpretar datos experimentales, fortaleciendo competencias matemáticas aplicadas al contexto científico.
- **Destrezas generales.**
  - **Expresión oral y escrita.** Presentaciones orales y redacción de informes o diarios de laboratorio.
  - **Comunicación audiovisual.** Uso de imágenes, vídeos o infografías para explicar fenómenos naturales.
  - **Autonomía y reflexión.** Desarrollo de la capacidad de tomar decisiones, planificar experimentos y evaluar resultados.
  - **Creatividad.** Propuestas innovadoras para representar o experimentar los contenidos de la unidad.
  - **Empleo práctico de la tecnología.** Uso de dispositivos digitales para registrar datos, documentar experiencias y elaborar presentaciones multimedia.

Esta transversalidad asegura que la UD no solo cumpla con los objetivos específicos del área de Ciencias Naturales, sino que también fomente competencias globales, valores cívicos y habilidades prácticas fundamentales para el aprendizaje integral del alumnado.

- **Secuenciación didáctica.** Esta constituye la organización planificada de las actividades que se llevarán a cabo durante cada uno de los días en que se desarrolla la UD. Esta planificación debe basarse en una temporalización realista y tener en cuenta la duración de las sesiones y la complejidad de las actividades. No obstante, en el ámbito educativo los términos *actividad*, *ejercicio* y *tarea* se utilizan con frecuencia, pero cada uno posee características y finalidades distintas que es importante comprender para una planificación didáctica efectiva. Estas características se enumeran en la tabla 1.2.

Tabla 1.2. Comparativa resumida: ejercicio, actividad y tarea

Concepto	Características principales	Ejemplo didáctico
Ejercicio	Actividad concreta y guiada para practicar un conocimiento o habilidad específica; enfocado en repetición y aplicación de un ítem de aprendizaje.	Resolver 10 problemas de matemáticas sobre sumas y restas.
Actividad	Acción planificada que permite aplicar, experimentar o practicar conocimientos de manera significativa; puede ser individual o grupal; realizada principalmente en clase.	Elaborar un esquema conceptual sobre los ecosistemas.
Tarea	Conjunto de acciones que integran conocimientos y habilidades; refuerza aprendizajes, desarrolla autonomía y aplica lo aprendido en un contexto real o simulado; enfocado en el significado o resultado.	Diseñar un proyecto para proponer soluciones al reciclaje en la escuela, incluyendo investigación, análisis y presentación de resultados.

Fuente: Elaboración propia

El ejercicio es una propuesta didáctica que tiene como objetivo la adquisición de una habilidad concreta y sencilla. Se caracteriza por ser una conducta que produce una respuesta prefijada y que se da repetidamente de manera descontextualizada. Por lo general, los ejercicios están descontextualizados y se utilizan para consolidar determinados conocimientos que luego podrán usarse dentro de un contexto más amplio.

La actividad es una propuesta didáctica más compleja que el ejercicio, ya que implica la aplicación y utilización de diversos conocimientos y la realización de procesos mentales como establecer relaciones, pensar y comprender. Requiere de un proceso mental sencillo para su resolución e implica la comprensión y la toma de decisiones. Las actividades pueden ser más amplias y contextualizadas, facilitando el logro de la tarea en una determinada UD o proyecto escolar.

La tarea es una propuesta didáctica que se desarrolla a través de diferentes actividades y ejercicios. Con su realización se consigue un producto final, algo palpable que los alumnos construyen y que les aporta herramientas para desenvolverse en situaciones simuladas de un contexto real. Las tareas tienen un sentido práctico para el alumnado y suelen integrar y utilizar todos los saberes del alumno o alumna para solucionar un problema relacionado con su vida cotidiana.

Por lo general, en una sesión de clase se realizan entre dos y tres actividades, de modo que se asegure un desarrollo adecuado de los aprendizajes sin sobrecargar cognitivamente al alumnado. Además de las actividades, la secuenciación didáctica integra otros elementos esenciales que contribuyen a un aprendizaje significativo:

- **Rutinas del pensamiento.** Estrategias que fomentan la reflexión, la observación, el análisis y la síntesis de la información durante el proceso de aprendizaje.

- **Principios pedagógicos y metodológicos.** Fundamentos que guían la enseñanza, tales como el aprendizaje activo, significativo y cooperativo.
- **Estrategias metodológicas.** Procedimientos específicos para desarrollar los contenidos, lo que incluye métodos de enseñanza directa, ABP o aprendizaje por descubrimiento.
- **Agrupamientos y técnicas cooperativas simples.** Organización de los alumnos en gran grupo, parejas o pequeños equipos, utilizando técnicas que fomenten la colaboración y el trabajo en equipo.

- **Escenarios y contextos.** Espacios donde se desarrollan las actividades, que pueden ser el aula, el patio, el laboratorio o entornos naturales cercanos.
- **Materiales y recursos.** Se consideran los elementos necesarios para el desarrollo de las actividades, como material impreso (libros, cuentos, cuaderno, textos…), recursos gráficos (infografías, presentaciones e imágenes), recursos digitales (pizarra digital interactiva [PDI]), que aseguran que la secuenciación didáctica no solo organice las actividades, sino que también garantice coherencia, progresión y efectividad en el aprendizaje, lo que facilita que los objetivos de la unidad se alcancen de manera significativa (tabla 1.3).

Tabla 1.3. Ejemplo de secuenciación didáctica. Unidad didáctica «El ciclo del agua»

Día	Actividades	Rutinas del pensamiento	Principios pedagógicos / Metodología	Agrupamientos / Técnicas cooperativas	Escenarios / Recursos
1	1. Pregunta inicial: «¿De dónde viene el agua que bebemos?» 2. Observación de vídeo sobre el ciclo del agua 3. Debate guiado	Preguntas generadoras, pensamiento visible	Aprendizaje significativo, activación de conocimientos previos / Expositiva y participativa	Gran grupo y parejas / Lluvia de ideas	Aula, proyector, cuadernos, pizarra digital
2	1. Experimento de evaporación y condensación 2. Registro de observaciones 3. Discusión de resultados	Comparar y contrastar, reflexión en equipo	Aprendizaje activo, experiencial / ABP y aprendizaje por descubrimiento	Grupos de 3-4 alumnos / Roles: observador, registrador, presentador	Aula y patio, vasos de plástico, papel transparente, hojas de registro, marcadores
3	1. Explicación del ciclo del agua con esquemas 2. Elaboración de esquema individual 3. Preguntas y respuestas	Resumir y explicar con palabras propias	Andamiaje, construcción de conocimiento / Expositiva con soporte visual	Individual y gran grupo / Discusión en parejas	Aula, pizarra, proyector, plantillas de esquemas, material visual
4	1. Creación de terrario con agua, plantas y arena 2. Registro diario de cambios 3. Presentación de hallazgos	Observación detallada, predicción	Aprendizaje basado en experimentación, cooperativo / ABP y cooperativo	Grupos de 4-5 alumnos / Roles rotativos	Aula y espacio exterior, frascos de vidrio, plantas, arena, lupas, cuadernos
5	1. Elaboración del diario final del ciclo del agua 2. Presentación oral de los diarios 3. Evaluación final con rúbrica	Reflexión, evaluación, metacognición	Aprendizaje significativo, evaluación formativa / Reflexivo y cooperativo	Individual y gran grupo / Revisión entre iguales	Aula, cuadernos, lápices de colores, hojas de evaluación, recursos digitales para presentación

Fuente: Elaboración propia

- **Medidas de atención a la diversidad y a las diferencias individuales.** La atención a la diversidad y a las diferencias individuales es un principio fundamental en la práctica educativa, orientado a garantizar que todo el alumnado acceda de manera efectiva al aprendizaje, respetando sus ritmos, intereses y necesidades individuales. Para ello, se aplican medidas que permiten adaptar los contenidos, estrategias y recursos, lo que promueve la inclusión y la equidad dentro del aula. El Diseño Universal para el Aprendizaje (DUA) proporciona un marco orientativo para atender a la diversidad mediante tres grandes principios: representación, acción y expresión, y compromiso. Estos principios buscan ofrecer múltiples formas de presentar la información, distintas maneras de que el alumnado demuestre lo que ha aprendido y diversas estrategias para mantener la motivación y participación de todos. La implementación de los DUA se organiza en pautas específicas que se numeran para su seguimiento, lo que garantiza un abordaje sistemático de las necesidades individuales de cada alumno y alumna.

A su vez, se pueden aplicar medidas generales de atención a la diversidad y a las diferencias individuales para favorecer la inclusión de todo el alumnado. Entre ellas, se encuentra la acción tutorial como estrategia de seguimiento individualizado, la tutoría entre iguales o el trabajo colaborativo.

Por último, los cauces de coordinación favorecen la eficacia de las medidas de atención a la diversidad, la resolución de conflictos durante el curso académico, la toma de cualquier decisión respecto al proceso de enseñanza y aprendizaje y la evaluación del alumnado. En la primera reunión del equipo docente, se presentan los miembros del grupo y se realiza un primer contacto con el alumnado, identificando necesidades, fortalezas y posibles dificultades. Además, se lleva a cabo una evaluación inicial, que sirve como punto de partida para planificar la programación.

En este contexto, resulta esencial subrayar que las medidas de atención a la diversidad no deben concebirse solo como ajustes puntuales, sino como parte de una cultura educativa inclusiva que atraviese todas las dimensiones del proceso formativo, lo que favorece la implementación de ajustes razonables. Esto implica diseñar ambientes de aprendizaje flexibles, accesibles y sensibles a las particularidades de cada estudiante, donde se reconozca la heterogeneidad como una oportunidad para enriquecer la enseñanza. De igual manera, la implicación de las familias y la colaboración entre distintos profesionales de la educación se convierten en elementos clave para articular respuestas coherentes y sostenibles a las necesidades detectadas.

En el ámbito de las Ciencias Naturales, la atención a la diversidad puede materializarse mediante estrategias didácticas que faciliten la comprensión de los fenómenos científicos a través de experiencias cercanas y accesibles. El uso de materiales manipulativos, recursos visuales y experimentos sencillos permite que el alumnado con diferentes estilos de aprendizaje participe de forma activa en la construcción del conocimiento. Asimismo, la incorporación de tecnologías digitales interactivas, como simulaciones o laboratorios virtuales, ofrece múltiples vías de representación que apoyan tanto a estudiantes con mayores dificultades como a aquellos que requieren de un mayor nivel de profundización. Del mismo modo, la organización de grupos heterogéneos fomenta la cooperación y el aprendizaje entre iguales, lo que favorece la inclusión y la adquisición de competencias sociales vinculadas a la ciencia.

- **Evaluación del aprendizaje del alumnado.** La evaluación del aprendizaje es un pilar fundamental dentro del proceso educativo, ya que permite determinar el grado de adquisición de los conocimientos, competencias y habilidades por parte del alumnado. Más allá de calificar, la evaluación tiene un carácter formativo y orienta la enseñanza, retroalimenta al alumnado y promueve la mejora continua tanto de los estudiantes como de las prácticas docentes. La evaluación del aprendizaje debe ser continua, integral y coherente con los objetivos de la UD y del currículo oficial. Entre sus características principales se incluyen:
  - **Continua.** La valoración se realiza a lo largo de toda la unidad, lo que permite detectar avances y dificultades en tiempo real.
  - **Integral.** Considera no solo los contenidos académicos, sino también competencias transversales, habilidades sociales, creatividad, pensamiento crítico y autonomía.
  - **Diversificada.** Utiliza distintos instrumentos y técnicas para recoger información sobre el aprendizaje, adaptándose a los estilos y ritmos del alumnado.

Para garantizar una evaluación objetiva y formativa, se establecen criterios de evaluación claros, que indican qué se espera que el alumnado logre en términos de conocimientos, competencias y actitudes. Entre los instrumentos más habituales se incluyen:

- Observación directa del desempeño y participación del alumnado.
- Cuadernos y trabajos individuales donde se registran avances y resultados de actividades.

- Proyectos y productos finales, que permiten valorar la aplicación práctica de los conocimientos.
- Pruebas escritas y orales para evaluar la comprensión y expresión de los contenidos.
- Rúbricas y listas de cotejo, que facilitan la evaluación objetiva de competencias y habilidades.

La evaluación también tiene un papel formativo, ya que proporciona información al docente sobre la efectividad de las estrategias metodológicas y al alumnado sobre su propio proceso de aprendizaje. Esto permite:

- Ajustar la planificación y las actividades según las necesidades del grupo.
- Identificar dificultades y aplicar medidas de apoyo individualizadas.
- Fomentar la autoevaluación y la metacognición, promoviendo que el alumnado sea consciente de su propio progreso y de cómo mejorar.

En conjunto, una evaluación bien diseñada y aplicada contribuye a un aprendizaje significativo, inclusivo y orientado a la mejora, asegurando que cada estudiante pueda alcanzar los objetivos de la UD de manera efectiva. En el caso particular de la enseñanza de las Ciencias Naturales, la evaluación adquiere un matiz aún más relevante, pues no solo se centra en la adquisición de contenidos conceptuales, sino también en el desarrollo de destrezas procedimentales y actitudes hacia la indagación científica. Por ello, resulta pertinente incorporar instrumentos que valoren la capacidad del alumnado para formular hipótesis, diseñar experiencias sencillas, analizar resultados y comunicar sus conclusiones de manera clara. Además, el seguimiento de actitudes como la curiosidad, el respeto por el entorno y la disposición al trabajo en equipo complementa la visión integral del proceso evaluativo. De esta forma, la evaluación en Ciencias Naturales no se limita a comprobar lo que el alumnado sabe, sino que se convierte en un medio para fomentar la práctica científica escolar y fortalecer competencias clave para la vida.

- **Autoevaluación de la práctica docente y de la UD.** La autoevaluación docente es un proceso reflexivo mediante el cual el profesorado analiza de manera crítica su propia práctica educativa, con el objetivo de mejorar la calidad del aprendizaje y la eficacia de la enseñanza. Este análisis permite identificar fortalezas, áreas de mejora y ajustar estrategias metodológicas, recursos y actividades para responder de manera más efectiva a las necesidades del alumnado.

En la autoevaluación de la práctica docente, el profesorado reflexiona sobre aspectos como:

- La planificación y organización de la UD.
- La adecuación de las estrategias metodológicas y los recursos utilizados.
- La atención a la diversidad y la capacidad de adaptarse a las necesidades individuales del alumnado.
- La gestión del tiempo y la secuenciación de las actividades.
- La efectividad de la comunicación y de la interacción con el alumnado.

Este proceso permite al profesorado tomar decisiones fundamentadas para mejorar su desempeño, lo que fomenta un aprendizaje más inclusivo, activo y significativo.

La autoevaluación de la UD se centra en valorar el grado de cumplimiento de los objetivos y competencias planteadas, así como la efectividad de la secuenciación, los materiales y los recursos empleados. Entre los aspectos que se analizan destacan:

- Alcance de los objetivos de aprendizaje y competencias establecidas.
- Pertinencia y adecuación de los contenidos y actividades.
- Funcionamiento de las estrategias de evaluación y retroalimentación.
- Integración de medidas de atención a la diversidad y de elementos transversales.
- Satisfacción y motivación del alumnado durante la unidad.

La autoevaluación, tanto de la práctica docente como de la UD, tiene un carácter formativo y proactivo, ya que:

- Facilita la mejora continua de la planificación y la enseñanza.
- Fomenta la reflexión profesional y el aprendizaje del propio docente.
- Permite realizar ajustes inmediatos o en futuras ediciones de la unidad para optimizar el aprendizaje del alumnado.

En definitiva, la autoevaluación constituye una herramienta clave para garantizar una práctica educativa de calidad, coherente con los principios pedagógicos, metodológicos y curriculares, y orientada a la mejora constante de la experiencia de enseñanza-aprendizaje. En el área de CMN, la autoevaluación docente y de la UD adquiere una dimensión específica, pues permite valorar hasta qué punto se ha logrado despertar la curiosidad científica del alumnado, fomentar el pensamiento crítico y promover actitudes de respeto hacia el medio natural. En este proceso reflexivo, el profesorado puede analizar si las experiencias prácticas propuestas han resultado significativas, si la metodología ha favorecido la indagación y la participación activa, y si los recursos empleados han sido accesibles y motivadores. Asimismo, la autoevaluación permite comprobar si las actividades han permitido la integración de competencias digitales, sociales y ambientales, tan necesarias en la formación integral del alumnado. De este modo, se convierte en un instrumento no solo de mejora personal, sino también de innovación pedagógica que fortalece la enseñanza de las ciencias en la Educación Primaria.

1.4.1. Pero… ¿a qué nos referimos en concreto con metodología didáctica?

La metodología se puede definir como el conjunto de procedimientos, técnicas y estrategias que se utilizan de manera planificada para alcanzar objetivos específicos de aprendizaje o de investigación. En educación, esto incluye cómo se enseña, cómo se organiza el aprendizaje y cómo se articulan los contenidos del currículo, con el fin de favorecer la adquisición de competencias de manera efectiva. Este enfoque permite al profesorado diseñar intervenciones pedagógicas coherentes con los objetivos educativos, lo que promueve una enseñanza activa y significativa.

Las metodologías activas constituyen estrategias educativas que fomentan la participación, el debate y la construcción activa del conocimiento por parte del alumnado. Su aplicación busca reemplazar los métodos tradicionales, motivar a los estudiantes y favorecer el desarrollo de habilidades y competencias más amplias. Aunque estas metodologías potencian el aprendizaje significativo, en la práctica los docentes continúan utilizando de forma principal enfoques tradicionales, lo que limita el rendimiento académico y la calidad de la educación. Por ello, el presente recurso docente constituye una herramienta valiosa para fomentar la implementación de metodologías activas, pues proporciona estrategias, actividades y materiales que facilitan un aprendizaje participativo, inclusivo y adaptado a las necesidades del alumnado en la Educación Primaria, como el área de Ciencias Naturales.

A continuación, la figura 1.4 ilustra los elementos curriculares que deben ser considerados en el diseño de la metodología:

Figura 1.4. Componentes que integran la metodología didáctica

Fuente: Elaboración propia

La metodología didáctica se entiende como un proceso complejo e integral en el que cada componente (propósitos, estrategias, contenidos, recursos didácticos, SdA y evaluación) se interrelaciona de manera coherente, construyendo un marco que promueve una enseñanza significativa, inclusiva y centrada en el desarrollo de competencias. Este enfoque reconoce la importancia de que los distintos elementos del proceso educativo no operen de manera aislada, sino que se articulen para favorecer aprendizajes profundos y contextualizados.

Desde la perspectiva de la FIP, internalizar y aplicar este enfoque no solo permite a los futuros docentes planificar y ejecutar secuencias didácticas integrales, sino también reflexionar de forma crítica sobre su práctica, articular teoría y experiencia, y generar entornos de aprendizaje que capaciten al alumnado para afrontar desafíos complejos de manera autónoma, creativa y contextualizada.

En este sentido, comprender la metodología didáctica como un entramado de decisiones pedagógicas favorece que el profesorado asuma un papel activo en la creación de experiencias educativas transformadoras. No se trata solo de aplicar técnicas innovadoras, sino de seleccionar de manera consciente aquellas estrategias que mejor respondan a los objetivos planteados y a la diversidad del grupo. En el caso de las Ciencias Naturales, ello implica diseñar propuestas que integren la observación, la experimentación y la reflexión crítica, de modo que el alumnado no solo adquiera conocimientos, sino que también desarrolle habilidades para interpretar fenómenos, formular preguntas y buscar soluciones fundamentadas. Así, la metodología se convierte en el eje vertebrador que conecta la teoría científica con la práctica escolar, lo que consolida aprendizajes que tienen sentido en la vida cotidiana.

2. Metodologías activas en el aprendizaje de Ciencias Naturales

La educación en ciencias ha experimentado cambios importantes durante las últimas décadas, lo que ha impulsado la necesidad de métodos pedagógicos que involucren de forma activa al alumnado en su propio proceso de aprendizaje para conseguir la alfabetización científica en la Didáctica de las Ciencias Naturales (Pérez-Rodríguez y Baquero-Mendieta, 2025). Las metodologías activas se presentan como una respuesta efectiva para fomentar la curiosidad, la capacidad de razonar de forma crítica y de entender en profundidad los conceptos científicos. A través de estas estrategias, el alumnado no solo adquiere conocimientos, sino que también desarrolla habilidades para investigar, colaborar y resolver problemas en contextos reales. Este capítulo explora las principales metodologías activas aplicadas en la Didáctica de las Ciencias, sus fundamentos y su impacto en el aprendizaje significativo.

2.1. Metodologías activas

En el ámbito educativo, es fundamental distinguir entre *metodología* y *estrategia* metodológica, ya que ambos conceptos, aunque relacionados, cumplen funciones distintas en el proceso de enseñanza-aprendizaje. La *metodología* se refiere al enfoque general que orienta la práctica educativa, y abarca los principios, teorías y modelos que guían la enseñanza. Es el marco conceptual que determina cómo se enseña y establece las bases para la organización y desarrollo del proceso educativo (Universidad Europea, 2024). Por otro lado, la *estrategia metodológica* constituye el conjunto de *acciones y procedimientos específicos* que el docente implementa dentro de una metodología para facilitar el aprendizaje del alumnado. Estas estrategias son prácticas concretas que responden a *qué se hace* en el aula para alcanzar los objetivos educativos establecidos

(Montenegro-Velandia, 2016). Así, mientras que la metodología proporciona la orientación teórica y estructural del proceso educativo, la estrategia metodológica se centra en la aplicación práctica de dicha orientación, por lo que se adapta a las necesidades del contexto y del alumnado.

La metodología se refiere al conjunto de principios, enfoques y fundamentos teóricos que orientan la planificación, organización y desarrollo del proceso de enseñanza y aprendizaje. Es, por tanto, un marco general que define cómo se enseña y cómo se aprende, en función de una determinada concepción pedagógica. En cambio, las estrategias metodológicas son las acciones concretas y procedimientos didácticos que el docente selecciona para implementar esa metodología en el aula, adaptándola al contexto, al contenido y a las características del alumnado. Por ejemplo, dentro de una metodología constructivista, se pueden aplicar diversas estrategias como el ABP, la indagación guiada o el aprendizaje cooperativo (tabla 1.4). Así, mientras la metodología proporciona el marco teórico y filosófico, las estrategias representan la dimensión práctica y operativa de ese marco. Comprender esta distinción es esencial para diseñar experiencias educativas coherentes y eficaces, en especial en áreas como la enseñanza de las ciencias, donde el enfoque metodológico impacta de forma directa en la motivación y el desarrollo del pensamiento crítico del alumnado.

La LOE-LOMLOE refuerza el uso de *metodologías activas*, contextualizadas e inclusivas, alineadas con el DUA, para atender a la diversidad y promover la equidad educativa. Así, estrategias como la gamificación, los escenarios de aprendizaje o el trabajo interdisciplinar permiten conectar el área de ciencias con otras áreas y con los intereses del alumnado. Enseñar ciencias en la etapa de Educación Primaria no implica solo transmitir contenidos, sino crear situaciones en las que el alumnado pueda construir conocimiento a través de la observación, la formulación de hipótesis y la argumentación basada en evidencias.

Las *estrategias metodológicas* en la enseñanza de las Ciencias Naturales constituyen un conjunto de actuaciones planificadas que orientan la práctica docente para facilitar el aprendizaje activo, significativo y contextualizado del alumnado. Estas estrategias son el nexo entre los principios pedagógicos y la acción educativa, y permiten traducir los fines curriculares en experiencias de aprendizaje concretas. En el área de Ciencias Naturales, la selección de *estrategias metodológicas* debe considerar el enfoque competencial y el desarrollo del pensamiento científico desde edades tempranas. Tal como señalan Harlen y Qualter (2018), la enseñanza de las ciencias ha de fomentar la indagación, la experimentación, el trabajo cooperativo y la reflexión crítica sobre el entorno.

Tabla 2.1. Metodologías activas para favorecer el aprendizaje de Ciencias Naturales

Metodología	Definición breve	Aplicación en Ciencias Naturales (Educación Primaria)
Aprendizaje basado en la indagación	El alumnado formula preguntas, observa, experimenta y obtiene conclusiones	Experimentos sencillos (por ejemplo: ¿qué plantas crecen más rápido con sol/sombra?)
Aprendizaje por proyectos	Investigación y desarrollo de un proyecto con un producto final	Proyecto de huerto escolar, maqueta del sistema solar, mural sobre ecosistemas
Aprendizaje basado en problemas (ABP)	Resolver un problema real planteado en contexto	¿Cómo reducir el consumo de agua en la escuela? (Investigar, proponer y aplicar medidas)
Aprendizaje colaborativo/cooperativo	Trabajo en equipos con roles definidos para lograr una meta común	Grupos de investigación sobre animales, que comparten hallazgos en una exposición
Flipped Classroom Clase invertida)	Acceso a contenidos previos a la clase (vídeos, lecturas) y aplicación práctica en el aula	Video sobre los estados de la materia visto en casa; en clase se hacen experimentos
Gamificación	Uso de dinámicas y mecánicas de juego en el aprendizaje	Retos con puntos sobre clasificación de seres vivos o trivias de ciencias
Escape Rooms educativos	Juegos de retos y enigmas colaborativos en formato de «escape»	Resolver acertijos sobre el ciclo del agua para «escapar» de una tormenta ficticia
Educación STEAM	Integración de ciencia, tecnología, ingeniería, arte y matemáticas	Construcción de un volcán con materiales reciclados y medición de erupciones
Aprendizaje experiencial	Aprender haciendo y reflexionando sobre la experiencia	Salida de campo al bosque para observar biodiversidad, recolectar hojas, analizar suelos
Aprendizaje servicio (ApS)	Combina aprendizaje con servicio a la comunidad	Campaña escolar para reciclar pilas y explicar su impacto ambiental
Aprendizaje basado en juegos	Uso de dinámicas y mecánicas de juego, tanto tradicionales como virtuales, para motivar y facilitar el aprendizaje	Juegos tradicionales (p. ej., "Bingo de animales", "Simón dice científico") y virtuales (apps educativas, escape rooms digitales) sobre temas científicos

Fuente: Elaboración propia

En definitiva, las *estrategias metodológicas* en Ciencias Naturales deben favorecer la curiosidad, el pensamiento crítico y la alfabetización científica, lo que prepara al alumnado para comprender e intervenir en el mundo natural desde una perspectiva ética y sostenible.

2.1.1. Aprendizaje basado en la indagación

El aprendizaje por indagación (*Inquiry-Based Learning* [IBL]) es un enfoque pedagógico que coloca al alumnado como eje central del proceso de aprendizaje en ciencias y lo incentiva a formular preguntas, investigar, analizar evidencias y construir conocimiento a partir de su propia exploración. Este enfoque se ha consolidado como uno de los paradigmas más efectivos con el fin de fomentar el pensamiento crítico, la comprensión detallada y la autonomía en el aprendizaje de las ciencias (National Research Council, 2000).

El IBL tiene raíces en la filosofía de la educación progresista y el constructivismo. En este sentido, la importancia del aprendizaje activo, donde la experiencia y la reflexión son esenciales para el desarrollo del pensamiento científico. En el contexto contemporáneo, la indagación se fundamenta en la teoría constructivista propuesta por Piaget (1970), que considera que el alumnado construye de forma activa su conocimiento al interactuar con el entorno, y en la teoría sociocultural de Vygotsky (1978), la cual resalta la importancia de la mediación social y del lenguaje en la construcción del conocimiento. El aprendizaje por indagación se distingue por (tabla 2.2):

Tabla 2.2. Fundamentos y características del aprendizaje por indagación

Aspecto	Descripción	Autores / Fundamentos
Raíces filosóficas	Basado en la educación progresista y el constructivismo	Dewey (1938)
Enfoque de Dewey	Aprendizaje activo mediante la experiencia y la reflexión para desarrollar pensamiento científico	Dewey (1938)
Aporte de Piaget	Los estudiantes construyen de forma activa su conocimiento al interactuar con el entorno	Piaget (1970)
Aporte de Vygotsky	La mediación social y el lenguaje son esenciales en la construcción del conocimiento	Vygotsky (1978)
Planteamiento de preguntas científicas	Inicio del proceso con preguntas o problemas abiertos que estimulan la curiosidad	
Diseño y realización de investigaciones	El alumnado formula experimentos o busca información para responder sus preguntas	Bell *et al.* (2010), National Research Council (NRC, 2000), Pedaste *et al.* (2015)
Recolección y análisis de datos	Se promueve la interpretación crítica de la evidencia recolectada	
Construcción de conclusiones	Desarrollo de explicaciones basadas en la evidencia, susceptibles de revisión	
Comunicación de resultados	Socialización de hallazgos que fortalece la colaboración y la argumentación científica	

Fuente: Elaboración propia

- **Planteamiento de preguntas científicas.** El proceso comienza con preguntas o problemas abiertos que despiertan la curiosidad y motivan la investigación.
- **Diseño y realización de investigaciones.** El alumnado diseña experimentos o busca información para explorar las preguntas formuladas.
- **Recolección y análisis de datos.** Se enfatiza la interpretación crítica de la evidencia obtenida.
- **Construcción de conclusiones.** El alumnado desarrolla explicaciones basadas en la evidencia, que pueden ser revisadas y refinadas.
- **Comunicación de resultados.** El intercambio de hallazgos fortalece el aprendizaje colaborativo y la argumentación científica.

Este ciclo puede variar en grados de autonomía, desde la indagación estructurada, donde el docente guía de forma estrecha el proceso, hasta la indagación abierta, donde el alumnado toma el control total de sus investigaciones. De hecho, numerosos estudios sostienen que el IBL es un método esencial para fomentar el pensamiento crítico y las competencias científicas en el alumnado. Al involucrarlos de forma activa en la formulación de hipótesis, el diseño y ejecución de experimentos, así como en la evaluación rigurosa de evidencias, se promueve una comprensión más profunda del método científico y una actitud analítica ante los fenómenos naturales. Esta práctica fortalece la capacidad del alumnado para cuestionar, investigar y razonar de manera lógica, habilidades indispensables para la formación de futuros científicos y ciudadanos reflexivos.

Además, el IBL influye de manera positiva en la motivación y el grado de compromiso de los estudiantes con su proceso de aprendizaje. Al afrontar problemas auténticos y participar en actividades de exploración activa, el alumnado encuentra un sentido real y significativo en su proceso educativo. Esta conexión entre la ciencia y situaciones concretas de la vida cotidiana genera un interés genuino y sostenido por la disciplina, lo que favorece la curiosidad y el deseo de descubrir. Edelson *et al.* (2011) destacan que, cuando el alumnado es protagonista de su aprendizaje, experimenta mayor entusiasmo y perseverancia, elementos clave para el éxito educativo.

La participación activa en el proceso indagatorio también contribuye de forma notable a la mejora en la comprensión conceptual. La construcción del conocimiento mediante la experimentación y la reflexión permite a los estudiantes identificar y corregir ideas erróneas o preconcepciones, lo que consolida una base científica sólida y duradera. La indagación permite un aprendizaje más completo y relevante, fundamentado en la experiencia práctica y la relación con el tema de estudio, lo que permite superar las limitaciones de la enseñanza tradicional, centrada en la memorización.

Otro beneficio importante del IBL radica en el fomento de habilidades sociales y colaborativas. De este modo, el trabajo en equipo, inherente a muchas actividades de indagación, promueve la comunicación efectiva, la negociación de ideas y la cooperación entre iguales. Estos procesos colaborativos no solo fortalecen el aprendizaje individual, sino que también capacitan al alumnado para afrontar retos en ámbitos sociales y profesionales, lo que fomenta competencias como la empatía, el respeto mutuo y la cooperación responsable. De hecho, hay estudios que señalan la relación positiva entre asertividad y empatía, lo que favorece la comunicación efectiva, respetuosa y mejora la convivencia escolar (Soriano-Sánchez, 2024).

No obstante, aunque presenta numerosos beneficios, la aplicación efectiva del IBL se enfrenta a distintos desafíos. En primer lugar, es indispensable que los docentes posean una sólida formación y competencias específicas para diseñar, guiar y facilitar procesos de indagación que mantengan un equilibrio adecuado entre la autonomía del alumnado y la orientación pedagógica. Además, la indagación requiere una inversión considerable de tiempo y la disponibilidad de recursos materiales y tecnológicos adecuados para realizar experimentos y actividades prácticas.

Al evaluar el aprendizaje basado en el IBL es necesario ir más allá de valorar solo los resultados o productos finales. Resulta fundamental aplicar estrategias de evaluación que consideren el proceso, las habilidades desarrolladas y la capacidad para argumentar y reflexionar de forma crítica sobre el conocimiento construido. De este modo, se resalta la importancia de diseñar instrumentos evaluativos que capturen el dinamismo del aprendizaje indagatorio y brinden retroalimentación significativa para mejorar tanto la enseñanza como el aprendizaje. El IBL representa un enfoque pedagógico esencial para la enseñanza de las ciencias, sobre todo en los niveles de Educación Primaria y de Educación Secundaria Obligatoria (ESO). Favorece un aprendizaje activo, reflexivo y con sentido, que capacita al alumnado no solo para asimilar conceptos científicos, sino también para pensar y actuar con rigor y autonomía en el mundo que los rodea. Aunque su implementación exige un compromiso institucional, formación docente especializada y recursos adecuados, los beneficios que aporta en la formación integral del alumnado justifican ampliamente su adopción como práctica educativa central. En el anexo 4 se puede visualizar un ejemplo de actividad basada en esta metodología.

Asimismo, es fundamental reconocer que la implementación efectiva del aprendizaje por indagación requiere una planificación cuidadosa que contemple la diversidad del alumnado y la heterogeneidad de los contextos escolares. La adaptación del enfoque a diferentes realidades educativas permite que todos los estudiantes, con independencia de sus ritmos o estilos de aprendizaje, accedan a experiencias significativas y motivadoras. Esta flexibilidad metodológica resulta esencial para garantizar una educación inclusiva y equitativa, donde cada alumno tenga la oportunidad de desarrollar competencias científicas y habilidades de pensamiento crítico. Del mismo modo, la colaboración entre docentes adquiere un papel clave para la consolidación de este enfoque. El trabajo en redes profesionales y comunidades de práctica favorece el intercambio de experiencias, materiales y estrategias que enriquecen la implementación del aprendizaje por indagación en el aula. A través de estos espacios de diálogo y cooperación, es posible reflexionar de forma colectiva sobre los logros, las dificultades y las mejoras necesarias para avanzar hacia una enseñanza de las ciencias más participativa y significativa.

Otro aspecto relevante está relacionado con la integración de recursos tecnológicos en el proceso de indagación. Herramientas digitales como simulaciones interactivas, laboratorios virtuales y plataformas colaborativas permiten ampliar las posibilidades de exploración, en especial en aquellos contextos donde el acceso a materiales físicos o laboratorios escolares es limitado. La tecnología, utilizada de forma pedagógica, facilita la observación de fenómenos complejos, el análisis de datos en tiempo real y la creación de entornos de aprendizaje dinámicos que potencian la motivación del alumnado.

Por último, la PIP debe contemplar espacios de práctica reflexiva en los que los futuros docentes experimenten el aprendizaje por indagación desde la perspectiva del estudiante y del maestro. Esta doble vivencia resulta esencial para comprender no solo los fundamentos teóricos del enfoque, sino también sus implicaciones didácticas, organizativas y evaluativas. La reflexión sobre la propia práctica, acompañada de tutorías y retroalimentación constructiva, permite desarrollar la confianza y las competencias necesarias para aplicar con éxito esta metodología en la enseñanza de las Ciencias Naturales en Educación Primaria.

2.1.2. Aprendizaje por proyectos

Fomentar competencias científicas en Ciencias Naturales requiere que el docente genere ambientes de aprendizaje significativos y creativos, promoviendo *proyectos integradores* que fortalezcan la comprensión y la aplicación de saberes sólidos (Shawn y Tapia-Gutiérrez, 2022). El *aprendizaje por proyectos* (ABP), o *Project-Based Learning* (PBL), se ha consolidado como una metodología pedagógica innovadora y efectiva que sitúa al alumno y alumna en el centro del proceso educativo Kilpatrick (1918), lo que propicia un aprendizaje activo, significativo y contextualizado. Mediante esta estrategia, el alumnado afronta desafíos reales o simulados que requieren investigación, planificación, colaboración y presentación de soluciones o productos finales, lo que suma conocimientos, habilidades y actitudes en un proceso integral.

El ABP se sustenta en la perspectiva de que el aprendizaje es más efectivo cuando el alumnado trabaja en tareas complejas y auténticas que tienen relevancia y aplicación en la vida real. Según Blumenfeld *et al.* (1991), esta metodología promueve la exploración profunda de temas, el desarrollo de la autonomía y la resolución creativa de problemas, en un contexto que fomenta la indagación y la reflexión crítica. Entre sus características principales destacan:

- **Centralidad del estudiante.** El alumnado se convierte en el actor principal, responsable de planificar y dirigir su proceso formativo.
- **Enfoque interdisciplinario.** Los proyectos integran contenidos de diversas áreas del conocimiento, lo que facilita una comprensión holística.
- **Resolución de problemas reales.** El abordaje de preguntas auténticas en los proyectos potencia tanto la motivación como la dedicación de los estudiantes.
- **Colaboración y comunicación.** El trabajo en equipo es fundamental, lo que favorece habilidades sociales y el intercambio de ideas.
- **Producto final tangible.** El proyecto culmina con una presentación o creación que evidencia el aprendizaje realizado.

El ABP es una forma de aprender en la que, en vez de solo estudiar teoría, se trabaja en un proyecto real para resolver una pregunta central y abierta que da origen al proyecto y guía todo el proceso de aprendizaje. Esa pregunta se llama «cuestión generatriz» y es clave porque nos da un objetivo claro y despierta nuestra curiosidad; gracias a ella, todo lo que se investiga, crea y aprende tiene un propósito. A partir de esa gran pregunta, surgen ideas y tareas que nos ayudan a descubrir soluciones, organizar el trabajo en equipo y aprender cosas nuevas de manera práctica y divertida. Esta gran pregunta dará lugar, al finalizar el proyecto, a la elaboración de un producto final. A su vez, a lo largo del proceso se plantearán distintas cuestiones guía, pequeñas preguntas derivadas de la pregunta principal, que culminarán en la realización de productos intermedios.

La investigación educativa ha mostrado de forma reiterada que el ABP ofrece aportes significativos con un impacto positivo en el desarrollo global del estudiante. Uno de los beneficios más destacados es la promoción de un aprendizaje productivo y duradero. Cuando el alumnado vincula el conocimiento académico con situaciones concretas y auténticas, no solo comprende mejor los conceptos, sino que también retiene la información durante periodos más prolongados. Este tipo de aprendizaje facilita que el alumnado relacione las teorías con la práctica, generando conexiones cognitivas que profundizan su comprensión y relevancia del contenido. Además, el ABP contribuye al fomento de las habilidades consideradas esenciales para el siglo XXI. Esta metodología promueve el desarrollo del pensamiento crítico, la creatividad, la colaboración y la comunicación efectiva, competencias esenciales no solo para el ámbito académico, sino también para la vida profesional y personal del alumnado. El trabajo en proyectos implica resolver problemas complejos, diseñar soluciones innovadoras y comunicar resultados, experiencias que fortalecen estas habilidades y preparan al alumnado para afrontar los retos de un mundo globalizado y en constante cambio. Otro aspecto clave es el aumento de la motivación y el compromiso (*engagement*)del alumnado con su aprendizaje. Cuando el alumnado tiene autonomía para tomar decisiones, investigar y dar sentido a problemas reales, su interés por la materia crece de forma significativa. Esta conexión con situaciones auténticas genera un sentido de responsabilidad y pertenencia con respecto al aprendizaje, lo cual contribuye a una mayor perseverancia y entusiasmo, elementos esenciales para el éxito académico.

El ABP favorece la integración del conocimiento. Los proyectos suelen requerir la aplicación simultánea de saberes de distintas áreas del currículum, lo que permite a los estudiantes entender cómo se relacionan entre sí los contenidos y cómo pueden usarse en contextos diversos. Esta integración interdisciplinaria facilita una comprensión más holística y coherente, en contraste con la fragmentación que a menudo presenta la enseñanza tradicional. Este enfoque prepara al alumnado para pensar de manera global y resolver problemas complejos que no se limitan a un solo campo del saber. De hecho, constituye un enfoque pedagógico potente para transformar la enseñanza tradicional en una experiencia educativa activa, colaborativa y contextualizada. Al promover la integración de conocimientos y habilidades en la solución de problemas reales, capacita al alumnado para afrontar los retos del mundo contemporáneo con autonomía y pensamiento crítico. No obstante, para su implementación exitosa, es indispensable contar con docentes capacitados, una adecuada gestión del tiempo y recursos, y sistemas de evaluación que valoren de forma integral el proceso y los logros obtenidos en el aprendizaje. Un ejemplo de esta metodología se puede visualizar en el anexo 5.

El cometido del docente se transforma en este enfoque, pasando de ser un transmisor de contenidos a convertirse en un guía o facilitador del aprendizaje. El profesorado orienta, asesora y acompaña a los y las estudiantes en la planificación, ejecución y evaluación de los proyectos, ayudándoles a organizar ideas, gestionar recursos y superar dificultades durante el proceso. Esta mediación pedagógica es fundamental para mantener el equilibrio entre la autonomía del alumnado y la consecución de los objetivos de aprendizaje. Otro elemento relevante es la integración de herramientas tecnológicas que potencien la creatividad y la comunicación en los proyectos. Plataformas colaborativas, programas de diseño, simulaciones virtuales o aplicaciones para la presentación de resultados pueden enriquecer de forma notable la experiencia educativa y ofrecer nuevas posibilidades para investigar, organizar la información y difundir los hallazgos obtenidos.

Por último, el ABP, al igual que cualquier otra metodología, requiere una evaluación integral que contemple tanto el proceso como el producto final. La evaluación del aprendizaje debe abordarse mediante la heteroevaluación (por parte del docente), la coevaluación (entre iguales) y la autoevaluación (por parte del propio alumno o alumna), valorando la participación, el trabajo en equipo, la creatividad y la calidad del producto final. Para ello, se empleará la observación sistemática, utilizando como instrumentos listas de cotejo y escalas de valoración; el análisis de producciones, mediante rúbricas y portfolios; las pruebas orales y escritas, a través de instrumentos objetivos o de desarrollo con criterios previamente establecidos; y el intercambio entre iguales, apoyado en rúbricas compartidas y dianas de evaluación. Asimismo, la autoevaluación podrá desarrollarse mediante diarios de aprendizaje y dianas de autoevaluación. Por su parte, la evaluación de la enseñanza se llevará a cabo mediante técnicas de revisión y análisis de la práctica docente, utilizando como instrumentos cuestionarios, encuestas y registros de autoevaluación docente, con el fin de mejorar el diseño y desarrollo del proyecto.

2.1.3. Aprendizaje significativo y constructivismo

El *aprendizaje significativo* y el *constructivismo* constituyen dos pilares fundamentales en la didáctica contemporánea de las ciencias, en especial en la etapa educativa de Educación Primaria. Ambos enfoques destacan la importancia de la generación activa del conocimiento por parte del alumnado, situándolo como agente principal en el proceso educativo, y destacan la necesidad de conectar lo nuevo con lo que el alumnado ya sabe para favorecer un aprendizaje significativo y duradero.

El concepto de *aprendizaje significativo* fue desarrollado por Ausubel (1978), quien definió este tipo de aprendizaje como aquel en el que la información nueva se relaciona profundamente con lo ya conocido por el alumnado. Al contrario que el aprendizaje memorístico o repetitivo, el *aprendizaje significativo* contribuye a que el alumno y alumna comprenda, integre y reorganice la información, construyendo esquemas cognitivos que le permiten aplicar el conocimiento en diversos contextos. Este enfoque subraya que la significatividad del aprendizaje requiere que el contenido tenga relevancia y sentido para el estudiante, y que exista una estructura cognitiva previa que pueda servir de anclaje. Ausubel destacó la importancia de los organizadores previos, que son herramientas pedagógicas diseñadas para facilitar la conexión entre lo conocido y lo nuevo, y ayudan a que el alumnado asimile conceptos complejos de manera más eficiente (Ausubel *et al.*, 1978).

El *constructivismo*, fundamentado en las teorías de Piaget (1973) y más tarde de Vygotsky (1978), afirma que el aprendizaje no consiste solo en recibir información, sino en la construcción activa del conocimiento por parte del sujeto en relación con su contexto. Para Piaget, aprender implica un proceso adaptativo mediante el cual el estudiante integra la información nueva y modifica sus estructuras cognitivas para incorporar nuevas experiencias. Por su parte, Vygotsky aportó la dimensión social al aprendizaje, destacando el papel del lenguaje, la interacción social y el apoyo de un "andamiaje" proporcionado por profesores o compañeros más expertos, que facilita el desarrollo cognitivo dentro de la zona de desarrollo próximo. Esto implica que el aprendizaje significativo ocurre en contextos sociales y culturales, y que el docente tiene un rol mediador fundamental para guiar y potenciar la construcción del conocimiento.

Ambos enfoques convergen en la idea de que el aprendizaje es un proceso activo, centrado en el alumnado, donde la comprensión profunda se logra cuando el nuevo conocimiento se conecta con experiencias previas y contextos significativos. Mientras que el aprendizaje significativo se enfoca en la estructura cognitiva y la conexión de nuevos contenidos con conocimientos previos, el constructivismo amplía esta perspectiva incluyendo la interacción social y cultural como factores clave en la construcción del conocimiento.

Esta integración ha influido poderosamente en la Didáctica de las Ciencias, proponiendo que el alumnado no solo memorice meramente datos, sino que comprenda conceptos científicos a través de la exploración, la reflexión y el diálogo, desarrollando habilidades para resolver problemas y pensar críticamente. El aprendizaje significativo y el constructivismo han guiado el diseño de estrategias didácticas que promueven la participación activa del alumno y alumna, tales como:

- El uso de organizadores gráficos.
- Debates.
- Experimentos.
- Actividades que vinculan el conocimiento científico con situaciones cotidianas.

Además, se enfatiza la importancia de diagnosticar y trabajar sobre las ideas previas del alumnado, que en ocasiones pueden ser concepciones erróneas o preconceptos que dificultan la comprensión científica. Los docentes, desde esta perspectiva, actúan como facilitadores que favorecen la creación de ambientes de aprendizaje estimulantes, fomentan la curiosidad y la indagación, y apoyan la construcción gradual del conocimiento, en vez de limitarse a la mera transmisión de información.

En suma, el *aprendizaje significativo* y el *constructivismo* conforman un marco teórico sólido y complementario que ha transformado la enseñanza de las ciencias, promoviendo una educación centrada en el estudiante, activa y contextualizada. Al valorar los conocimientos previos, la dimensión social del aprendizaje y la relevancia de los contenidos, estos enfoques potencian un aprendizaje profundo y duradero, esencial para formar ciudadanos críticos, creativos y capaces de afrontar los retos científicos y sociales del siglo XXI. Un ejemplo sobre el desarrollo de la actividad y su evaluación se muestra en el anexo 6.

Además, la aplicación del aprendizaje significativo y del constructivismo en la enseñanza de las ciencias requiere que los docentes diseñen experiencias educativas que partan del conocimiento previo del alumnado, pero que, al mismo tiempo, generen conflictos cognitivos que les impulsen a cuestionar sus ideas iniciales y a reconstruirlas de forma progresiva. Este proceso de reestructuración conceptual es fundamental para que los estudiantes no solo adquieran información nueva, sino que desarrollen una comprensión profunda y duradera de los fenómenos científicos. Para ello, resulta clave la implementación de estrategias didácticas que promuevan la reflexión y el diálogo, ya que estos permiten al alumnado contrastar sus ideas con las de sus compañeros y con la evidencia científica, lo que favorece la construcción compartida del conocimiento. Actividades como la resolución colaborativa de problemas, la discusión guiada en pequeños grupos o la creación de modelos explicativos son ejemplos que potencian tanto la comprensión conceptual como el desarrollo de habilidades comunicativas y de pensamiento crítico.

Asimismo, la integración de recursos visuales y tecnológicos enriquece el proceso de enseñanza-aprendizaje, ya que facilita la representación y manipulación de conceptos abstractos, lo que permite que el alumnado establezca conexiones más claras entre la teoría y la realidad observable. Herramientas como simulaciones interactivas, vídeos explicativos y aplicaciones de realidad aumentada ofrecen oportunidades para experimentar fenómenos complejos que, de otro modo, serían difíciles de observar en un entorno escolar. Otro aspecto esencial es la evaluación formativa y continua, que permite a los docentes identificar las concepciones previas, las dificultades de aprendizaje y los avances del alumnado a lo largo del proceso educativo. Este tipo de evaluación, basada en la observación, el análisis de producciones y la retroalimentación constante, proporciona información valiosa para ajustar la enseñanza a las necesidades reales del grupo y garantizar que todos los estudiantes logren una comprensión significativa de los contenidos.

En síntesis, la aplicación conjunta del aprendizaje significativo y del constructivismo no solo contribuye a la adquisición de conocimientos científicos, sino que también fomenta actitudes positivas hacia la ciencia, como la curiosidad, la apertura al diálogo y la disposición a cuestionar la información recibida. Estas actitudes resultan fundamentales para formar ciudadanos críticos y responsables, capaces de tomar decisiones informadas en un mundo caracterizado por rápidos avances tecnológicos y científicos.

2.1.4. Aprendizaje colaborativo y cooperativo

El *aprendizaje colaborativo* y *cooperativo* ha emergido como una metodología esencial para la enseñanza de las ciencias y otras áreas del conocimiento. Estas estrategias promueven la interacción activa entre los estudiantes, favoreciendo el desarrollo tanto de conocimientos conceptuales como de habilidades sociales, emocionales y comunicativas, indispensables para el aprendizaje integral y para la vida en sociedad (Johnson y Johnson, 2009). Aunque a menudo se utilizan como sinónimos, el aprendizaje colaborativo y el cooperativo presentan diferencias conceptuales y prácticas importantes. El *aprendizaje colaborativo* es un enfoque más amplio y flexible, que se refiere a la construcción conjunta del conocimiento mediante la interacción y la colaboración entre iguales, sin necesidad de una estructura formal o roles definidos.

El *aprendizaje cooperativo* es una modalidad específica que se caracteriza por una organización estructurada y planificada del trabajo en equipo. Incluye roles asignados, reglas claras y objetivos comunes que el alumnado debe alcanzar de forma conjunta. Los cinco aspectos clave del aprendizaje colaborativo son: interdependencia positiva, responsabilidad individual, interacción facilitadora, destrezas sociales y evaluación colectiva.

Esta metodología se sustenta en diversas teorías educativas y psicológicas, entre las que destacan el *constructivismo social* de Vygotsky (1978), que enfatiza el papel fundamental del lenguaje y la interacción social en el desarrollo cognitivo. La *zona de desarrollo próximo*, concepto central de Vygotsky, resalta cómo el aprendizaje se potencia cuando los estudiantes trabajan con apoyo mutuo y guía, superando retos que no podrían resolver de manera individual. Además, la teoría del aprendizaje social de Bandura (1977) subraya la relevancia de la observación y la imitación en el aprendizaje, que se facilita en contextos colaborativos donde el alumnado modela conductas y estrategias de sus iguales. La implementación de estas metodologías en el aula ofrece múltiples beneficios documentados en la investigación educativa:

- **Mejora del rendimiento académico.** El trabajo colaborativo favorece el intercambio de ideas y la construcción conjunta del conocimiento, lo que fortalece la comprensión y la retención de los contenidos.
- **Desarrollo de habilidades sociales y emocionales.** Los estudiantes aprenden a comunicarse, negociar, resolver conflictos y trabajar en equipo, competencias fundamentales para la vida personal y profesional.
- **Incremento de la motivación y el compromiso.** La participación activa y el sentido de responsabilidad compartida aumentan el interés por las tareas y el aprendizaje.
- **Promoción de la equidad.** Al distribuir responsabilidades y roles, se facilita la inclusión de todo el alumnado, lo que reduce las diferencias y promueve la igualdad de oportunidades.

Entre las estrategias más utilizadas en el aprendizaje cooperativo se encuentran las siguientes:

- **Jigsaw (rompecabezas).** El alumnado se organiza en grupos, y cada miembro se especializa en un tema que luego enseña a sus compañeros, con lo que se promueve la interdependencia y la responsabilidad individual.
- **Aprendizaje en parejas.** Dos alumnos o alumnas trabajan juntos para resolver problemas o discutir conceptos, lo que facilita la interacción directa y el apoyo mutuo.
- **Roles rotativos.** Se asignan funciones específicas como coordinador, moderador o secretario para fomentar la organización y la participación equitativa.

Las técnicas de *aprendizaje colaborativo* y *cooperativo* muestran una gran flexibilidad al permitir la adaptación a distintos niveles educativos y contextos escolares. Desde la Educación Primaria hasta la ESO, e incluso en la educación superior, estas metodologías pueden ser ajustadas para responder a las características y necesidades específicas de cada grupo de alumnos y alumnas. Además, se pueden implementar en diversos contextos culturales y sociales, lo que evidencia su versatilidad. El objetivo principal es siempre promover un aprendizaje activo, donde el alumnado participe de manera dinámica y colaborativa, para construir el conocimiento a partir del diálogo, la negociación y la interacción constante con sus iguales. Esta adaptabilidad facilita la inclusión de todo el alumnado, con independencia de su estilo de aprendizaje o nivel previo de conocimientos, y permite a los docentes diseñar actividades significativas y contextualizadas.

Sin embargo, la implementación exitosa del aprendizaje colaborativo y cooperativo no está exenta de desafíos y requiere una planificación meticulosa. En primer lugar, es necesario que el profesorado cuente con una formación inicial adecuada que le permita diseñar actividades que fomenten la colaboración efectiva y que sepan manejar las complejas dinámicas de grupo que surgen en estos entornos. La capacitación docente es una condición indispensable para garantizar que los procesos colaborativos no se limiten a simples interacciones, sino que impulsen de forma efectiva la elaboración conjunta del conocimiento y la adquisición de habilidades tanto sociales como cognitivas.

Asimismo, el ambiente del aula posee un papel crucial para el éxito de estas metodologías. Es necesario cultivar una cultura escolar que valore la colaboración, el respeto mutuo y la comunicación abierta. Esto implica que tanto el alumnado como el profesorado adopten actitudes y comportamientos que favorezcan el trabajo en equipo, la actitud empática y la resolución constructiva de conflictos. Un entorno de confianza y apoyo facilita que el alumnado se sienta seguro para expresar sus ideas, escuchar a los demás y asumir responsabilidades compartidas, elementos esenciales para el aprendizaje cooperativo.

Otro aspecto importante es la evaluación integral del proceso. No basta con valorar solo el producto final del trabajo grupal; es imprescindible también considerar el desempeño individual dentro del equipo, así como las habilidades sociales y el proceso de colaboración. Una evaluación adecuada debe reconocer la contribución de cada miembro, la calidad de la interacción y el fomento de habilidades como la comunicación, la negociación y la resolución colaborativa de problemas. Esta valoración múltiple incentiva la participación activa y justa, lo que evita que algunos estudiantes se desentiendan de sus responsabilidades.

La atención a la diversidad y a las diferencias individuales, además de ser un factor determinante en la aplicación de estas metodologías, en la actualidad se constituye como un principio del actual sistema educativo. Las estrategias colaborativas deben diseñarse para incluir a todo el alumnado, reconociendo y respetando las diferencias culturales, cognitivas y emocionales que existen dentro del aula. Esto implica adaptar las actividades para que sean accesibles y desafiantes para cada alumno, y promover un ambiente inclusivo donde la diversidad se vea como una riqueza y una oportunidad de aprendizaje mutuo. Solo de esta manera el aprendizaje colaborativo y cooperativo cumplirá con su propósito de formar alumnos y alumnas no solo competentes en contenidos científicos, sino también capaces de trabajar en equipo y valorar la pluralidad.

El *aprendizaje colaborativo* y *cooperativo* constituye una metodología pedagógica poderosa que transforma el proceso educativo en una experiencia activa, social y significativa, mediante el desarrollo de actividades competenciales (véase anexo 7). Al promover la interacción entre iguales, no solo facilita la construcción conjunta del conocimiento, sino que también integra habilidades sociales y emocionales clave para el desarrollo integral del alumnado. Su implementación exige compromiso institucional, formación docente y un ambiente propicio, pero sus beneficios justifican ampliamente su incorporación en las diferentes áreas curriculares. El uso eficaz de las TIC para la inclusión en el aprendizaje de ciencias en Educación Primaria se basa en el diseño de métodos didácticos que vinculen la tecnología, las emociones y la diversidad para favorecer la inclusión del alumnado y garantizar una educación de calidad.

Además, la integración de las TIC en el aprendizaje colaborativo y cooperativo abre nuevas posibilidades para enriquecer la experiencia educativa. Plataformas digitales, aplicaciones interactivas y entornos virtuales de aprendizaje permiten la creación de espacios colaborativos que trascienden las limitaciones físicas del aula, lo que favorece la comunicación síncrona y asíncrona, así como el acceso a recursos compartidos y la cocreación de contenidos. Esta dimensión tecnológica no solo amplía las oportunidades de interacción, sino que también contribuye a la inclusión del alumnado con diferentes estilos de aprendizaje y brinda herramientas adaptadas a diversas necesidades educativas. Por otra parte, la dimensión emocional del aprendizaje colaborativo y cooperativo cobra una especial relevancia en contextos educativos actuales. La interacción entre iguales no solo facilita la construcción de conocimientos académicos, sino que también fortalece la empatía, la autoestima y la capacidad para afrontar retos de manera conjunta. Las actividades que fomentan la cooperación y la solidaridad ayudan a crear un clima escolar positivo, donde los estudiantes se sienten valorados y apoyados, lo que genera un impacto directo en su bienestar emocional y, por ende, en su rendimiento académico.

Un aspecto clave para consolidar estas metodologías es la progresión en la complejidad de las tareas colaborativas. Al inicio, resulta recomendable diseñar actividades sencillas que permitan al alumnado familiarizarse con la dinámica del trabajo en equipo y con las responsabilidades compartidas. Con posterioridad, se pueden plantear proyectos interdisciplinarios y de mayor envergadura, donde la colaboración adquiera un carácter más autónomo y orientado a la resolución de problemas reales. Esta secuenciación gradual facilita que el alumnado desarrolle de forma progresiva competencias sociales, cognitivas y emocionales vinculadas al aprendizaje colaborativo.

Asimismo, es esencial que el profesorado cuente con estrategias para mediar en los conflictos que puedan surgir en el trabajo grupal. Los desacuerdos son inherentes a la interacción social, pero cuando se gestionan de forma adecuada pueden convertirse en oportunidades valiosas para aprender habilidades de negociación, pensamiento crítico y toma de decisiones compartidas. La figura del docente como mediador favorece que las diferencias se transformen en aprendizajes, evitando que interfieran de forma negativa en la dinámica del grupo.

Por último, la implementación de actividades de reflexión metacognitiva en el aprendizaje colaborativo y cooperativo permite que el alumnado tome conciencia de su propio proceso de aprendizaje y del rol que desempeña en el grupo. A través de diarios de trabajo, autoevaluaciones y debates finales, los estudiantes pueden analizar sus logros, identificar áreas de mejora y proponer estrategias para optimizar la colaboración en futuras experiencias. Esta mirada reflexiva contribuye a la autonomía y a la responsabilidad compartida, elementos esenciales para un aprendizaje profundo y significativo.

2.1.5. Flipped classroom

El modelo de enseñanza conocido como *flipped classroom* o *aula invertida* ha revolucionado la didáctica contemporánea, sobre todo en áreas como la Didáctica de las Ciencias en Educación Primaria (Tudesco, 2023). Este enfoque pedagógico invierte la estructura convencional de la enseñanza en el aula: el aprendizaje de los contenidos teóricos se realiza fuera de esta, por lo general mediante el empleo de recursos digitales, mientras que el tiempo de clase se destina a la aplicación de actividades prácticas, la experimentación y la resolución de problemas con el apoyo directo del docente.

El *flipped classroom* se fundamenta en la premisa de que el alumnado pueda acceder de forma previa a los contenidos básicos, por ejemplo, mediante vídeos, lecturas o presentaciones interactivas, lo que permite que el aula sea un espacio activo y colaborativo. Esta modalidad fomenta la autonomía del alumnado, así como su responsabilidad en el proceso de aprendizaje, lo que promueve la participación activa y la cooperación grupal durante la clase. En el contexto de la Educación Primaria, el aula invertida debe adaptarse a las características cognitivas y emocionales de los y las niñas, usando materiales audiovisuales atractivos, lenguaje sencillo y actividades lúdicas para favorecer la comprensión y el interés por las ciencias.

El uso del *flipped classroom* en la enseñanza de las ciencias en Educación Primaria ofrece una serie de beneficios que lo convierten en una metodología cada vez más valorada por educadores y especialistas. Uno de sus principales aportes es la optimización del tiempo de clase, ya que, al trasladar la adquisición de conocimientos teóricos al hogar, el aula queda liberada para actividades más dinámicas y enriquecedoras como experimentos, discusiones, indagación y resolución de dudas. Esto favorece un aprendizaje más profundo y significativo, pues permite que los y las discentes pongan en práctica y contextualicen lo aprendido.

Además, el *aula invertida* facilita un seguimiento más personalizado del aprendizaje, dado que el profesorado puede dedicar mayor tiempo a atender las necesidades particulares de cada alumno. Esta oportunidad para la tutoría individual y el acompañamiento en procesos complejos estimula la participación activa y mejora el proceso de aprendizaje. Esta atención diferenciada es en particular importante en Educación Primaria, en la que las capacidades y ritmos de aprendizaje pueden variar de forma considerable entre el alumnado. Otro beneficio destacado es el fomento de la autonomía y la motivación. Al permitir que los estudiantes controlen el ritmo y momento en que acceden a los contenidos previos, se promueven habilidades metacognitivas esenciales, como la planificación, autorregulación y evaluación de su propio aprendizaje. Estos aspectos no solo son fundamentales para el éxito académico en ciencias, sino que también contribuyen a formar alumnos y alumnas más responsables y motivados, como señalan estudios recientes, como el realizado por Rodríguez-Jiménez *et al.* (2025).

El *flipped classroom* impulsa el desarrollo de habilidades prácticas y colaborativas al centrar las clases presenciales en actividades en equipo, experimentación y proyectos científicos. Estas dinámicas permiten aplicar los conceptos teóricos de forma contextualizada, lo que favorece la interacción social y el trabajo conjunto, elementos clave para la comprensión integral de las ciencias.

Sin embargo, aunque aporta múltiples ventajas, la puesta en práctica del modelo de *aula invertida* en Educación Primaria presenta desafíos. En esta dirección, uno de los principales obstáculos es el acceso y equidad tecnológica, ya que no todo el alumnado cuenta con los recursos tecnológicos o la conexión a internet necesaria para acceder a los contenidos previos desde casa. Esta desigualdad puede limitar la efectividad de la metodología y generar brechas en el aprendizaje.

Asimismo, el diseño adecuado de los materiales digitales es fundamental para mantener el interés y la comprensión de los niños. Los contenidos deben estar elaborados con un lenguaje claro y sencillo, incluir elementos visuales atractivos y tener una duración adecuada para evitar la dispersión y favorecer la atención. A su vez, el cometido del docente también constituye un cambio importante. Más que un transmisor de información, el profesorado debe actuar como facilitador, y planificar con sumo cuidado las actividades, motivar al alumnado para que realice el trabajo previo y gestionar el tiempo de clase para la realización de actividades prácticas y participativas. Esta función requiere formación y adaptación a nuevas formas de enseñanza. A su vez, la participación y colaboración de la familia es esencial. Los padres, tutores o cuidadores legales deben apoyar a los niños y niñas en el acceso, la comprensión y la motivación para realizar las actividades en el hogar, así como proporcionar los materiales necesarios que faciliten el aprendizaje. Por ello, resulta esencial establecer una comunicación efectiva entre la escuela y el hogar, asegurando de esta manera el éxito del proceso educativo. El *flipped classroom* representa una estrategia metodología innovadora y de alto impacto para la enseñanza de las ciencias en la Educación Primaria, al facilitar un aprendizaje activo, autónomo y contextualizado. Su éxito depende del diseño cuidadoso de materiales, la capacitación docente, el apoyo familiar y la atención a la equidad en el acceso tecnológico. Cuando estos aspectos se combinan de forma adecuada, esta metodología contribuye a formar estudiantes motivados, críticos y capaces de aplicar los conocimientos científicos en su vida cotidiana. En el anexo 8 se muestra un ejemplo de actividades asociadas a esta metodología.

2.1.6. Gamificación

La *gamificación* se ha establecido como una estrategia pedagógica innovadora en el ámbito educacional. Consiste en la incorporación de elementos característicos del juego (como recompensas, misiones, niveles, reglas, avatares o desafíos) en contextos no lúdicos, con el objetivo de aumentar la motivación, la implicación y el rendimiento del alumnado (Soriano-Sánchez y Jiménez-Vázquez, 2025). En el aula de ciencias, la *gamificación* permite transformar el aprendizaje en una experiencia más atractiva, dinámica y significativa, y favorece el desarrollo de habilidades intelectuales, sociales y afectivas.

Entre las ventajas de implementar la *gamificación* destaca su impacto en la motivación interna del alumnado. Al introducir mecánicas de juego, el alumnado se siente más comprometido con las actividades, muestra mayor perseverancia frente a los errores y se implica de forma activa en la construcción de su conocimiento. Además, como indican Jiménez-Valverde *et al.* (2025), la gamificación favorece la retroalimentación inmediata, lo que permite al alumnado conocer su progreso y ajustar su estrategia de aprendizaje en tiempo real. En este sentido, elementos como los puntos, las insignias o los *rankings* fomentan una sana competencia y estimulan el esfuerzo continuado.

En el contexto específico de la enseñanza de las ciencias, la *gamificación* puede facilitar la comprensión de conceptos abstractos mediante simulaciones, retos experimentales o juegos de rol. Por ejemplo, actividades en las que el alumnado «se convierte» en átomos, planetas o científicos famosos pueden contribuir a reforzar el pensamiento científico de manera lúdica. Los entornos gamificados permiten un aprendizaje situado, en el que el conocimiento se construye en escenarios contextualizados y con sentido para el alumno. No obstante, su puesta en práctica requiere ciertas consideraciones pedagógicas. En primer lugar, no debe reducirse al uso de juegos digitales o recompensas externas, sino que debe conectarse de manera coherente con las finalidades del aprendizaje y promover competencias significativas. Además, es fundamental que el docente diseñe actividades inclusivas y adaptadas a los diferentes ritmos y estilos de aprendizaje del alumnado. La personalización de los desafíos, la posibilidad de elección y la narrativa envolvente son claves para una experiencia gamificada efectiva.

Asimismo, existen desafíos logísticos y metodológicos. La preparación de materiales, la gestión del tiempo y el acceso a recursos tecnológicos pueden ser barreras en ciertos contextos escolares. Por ello, se recomienda una planificación cuidadosa, comenzando con actividades sencillas y progresivas, que pueden desarrollarse tanto en formato digital como analógico. La formación docente también es esencial para garantizar un uso pedagógicamente fundamentado de la gamificación.

En conclusión, la *gamificación* representa una estrategia prometedora para transformar la enseñanza de las ciencias en Educación Primaria, generando experiencias de aprendizaje motivadoras, activas y centradas en el alumno. Su potencial radica no solo en su capacidad para captar la atención, sino también para fomentar habilidades cognitivas, sociales y metacognitivas esenciales en el desarrollo integral del alumnado. En el anexo 9 se muestra un ejemplo de actividad sobre esta metodología.

Además, la *gamificación* permite trabajar de manera transversal distintas competencias clave del currículo, como la competencia digital, la competencia en comunicación lingüística o la competencia social y cívica. A través de dinámicas gamificadas, el alumnado no solo aprende contenidos científicos, sino que también desarrolla habilidades de colaboración, pensamiento crítico y resolución de problemas, que son fundamentales para afrontar situaciones de la vida cotidiana. Este carácter transversal convierte a la *gamificación* en una herramienta de gran valor para el desarrollo integral de los estudiantes. Otro aspecto relevante es su potencial para favorecer la inclusión educativa. Al ofrecer múltiples formas de participación y diferentes niveles de dificultad, esta metodología puede adaptarse a la diversidad de ritmos y estilos de aprendizaje presentes en el aula. De este modo, estudiantes con distintas capacidades pueden participar de forma activa y lograr metas personalizadas y compartir logros con sus compañeros, lo que refuerza la autoestima y el sentido de pertenencia al grupo.

La narrativa es también un elemento central en el diseño de experiencias gamificadas. Crear una historia envolvente en la que el alumnado asuma papeles y misiones específicas permite contextualizar los contenidos científicos de manera significativa. Por ejemplo, diseñar una aventura en la que los estudiantes sean «exploradores del sistema solar» o «detectives del cambio climático» puede despertar su curiosidad y motivación, al tiempo que facilita la conexión entre el conocimiento científico y la realidad cotidiana. No obstante, es fundamental mantener un equilibrio adecuado entre la dimensión lúdica y los objetivos de aprendizaje. La *gamificación* no debe convertirse en un fin en sí misma, sino en un medio para potenciar la comprensión y la aplicación de los contenidos. Para ello, resulta esencial integrar momentos de reflexión en los que el alumnado analice lo aprendido, identifique los errores cometidos y proponga estrategias de mejora, lo que consolida un aprendizaje profundo y significativo.

Por último, la evaluación en contextos gamificados requiere un enfoque innovador que combine la valoración del desempeño académico con la observación de habilidades sociales, emocionales y de autorregulación. Instrumentos como las rúbricas, las autoevaluaciones y la retroalimentación continua permiten reconocer el progreso individual y colectivo, lo que refuerza la motivación y el compromiso del alumnado. Este tipo de evaluación formativa resulta coherente con la filosofía de la *gamificación*, centrada en el aprendizaje como un proceso dinámico y participativo.

2.1.7. Escape rooms

Los *escape rooms educativos* o *juegos de escape educativos*, también conocidos como *breakout edu*, son una estrategia didáctica innovadora basada en el aprendizaje activo y el juego serio (*serious game*), que promueve la participación del alumnado mediante la resolución de retos en un tiempo limitado (Yllana-Prieto *et al.*, 2023). Esta metodología, adaptada del formato de ocio original, ha demostrado ser eficaz para fomentar habilidades como el pensamiento crítico, la colaboración, la toma de decisiones y la aplicación de conocimientos en escenarios significativos.

En la enseñanza de las Ciencias Naturales en Educación Primaria, los *escape rooms* son una poderosa herramienta para despertar la curiosidad científica, reforzar contenidos curriculares y conectar los aprendizajes con situaciones reales. Su carácter lúdico e inmersivo favorece la motivación intrínseca y la implicación cognitiva del alumnado, aspectos fundamentales para el desarrollo del pensamiento científico en edades tempranas. Además, los *escape rooms* permiten integrar competencias clave como la resolución de problemas, la alfabetización científica y la comunicación, alineándose con los principios del enfoque competencial de la LOMLOE. Estos juegos pueden diseñarse con materiales físicos, digitales o combinados (modelo híbrido), y adaptarse a diferentes niveles de competencia y estilos de aprendizaje, lo que los convierte en una metodología inclusiva, sobre todo si se combinan con principios del DUA.

En concreto, diferentes estudios confirman que el uso de *escape rooms* en contextos escolares aumenta la retención de contenidos, la autonomía del alumnado y su percepción positiva hacia el aprendizaje de ciencias (Borrego *et al.*, 2017; Franco-Mariscal *et al.*, 2020). Su aplicación requiere una planificación cuidadosa por parte del profesorado, quien debe diseñar retos alineados con los objetivos didácticos, incorporar elementos narrativos atractivos y asegurar la accesibilidad de todas las pruebas. En el anexo 10 se puede visualizar un ejemplo de actividad fundamentada en esta metodología. Además, los *escape rooms* educativos fomentan la interdisciplinariedad, ya que los retos pueden integrar contenidos de distintas áreas como matemáticas, lengua o ciencias sociales, ofreciendo al alumnado una visión global y conectada del conocimiento. Al resolver pruebas que requieren el uso de diversas competencias, los estudiantes no solo refuerzan los contenidos científicos, sino que también desarrollan habilidades transversales como la creatividad, la comunicación y el pensamiento lógico.

Un aspecto esencial en el diseño de un *escape room* educativo es la narrativa. La historia que enmarca el juego actúa como un elemento motivador que mantiene al alumnado inmerso en la experiencia. Por ejemplo, una misión para «salvar el planeta de una catástrofe ambiental» puede incluir pruebas relacionadas con el reciclaje, la biodiversidad o el cambio climático, lo que facilita la contextualización de los contenidos y su aplicación a problemas reales. De igual forma, la implementación de los *escape rooms* en Educación Primaria favorece el aprendizaje colaborativo, ya que la resolución de los desafíos requiere comunicación, coordinación y toma de decisiones en equipo. Este enfoque potencia la responsabilidad compartida y la construcción conjunta del conocimiento, aspectos fundamentales para el desarrollo social y emocional del alumnado.

La evaluación de este tipo de actividades puede contemplar no solo el producto final, es decir, la superación del reto, sino también el proceso seguido por los estudiantes. La observación de la participación, la creatividad en la resolución de problemas y la cooperación entre compañeros permite al profesorado valorar competencias que trascienden el aprendizaje puramente conceptual.

Por último, la versatilidad de los *escape rooms* posibilita su adaptación a diversos formatos, desde actividades totalmente analógicas con candados, pistas impresas y objetos físicos hasta experiencias digitales interactivas mediante plataformas en línea. Esta flexibilidad facilita su implementación en distintos contextos educativos y con recursos variados, lo que garantiza la accesibilidad para todo el alumnado.

2.1.8. Educación STEM y STEAM

En los últimos años, la educación STEM y su evolución hacia el modelo STEAM (añadiendo el componente *art*: artes) ha cobrado una relevancia creciente en los sistemas educativos a escala mundial, dado que representan un enfoque metodológico innovador que integra de manera transversal contenidos científicos, tecnológicos, de ingeniería, artísticos y matemáticos en torno a la resolución de problemas reales y la experimentación activa. Estos enfoques integrados responden a la necesidad de formar ciudadanos capaces de desenvolverse en un mundo altamente tecnológico, científico y creativo, lo que promueve la interdisciplinariedad, el pensamiento crítico, la innovación y la resolución de problemas reales (National Research Council, 2011).

La enseñanza STEM parte de la integración de la ciencia, la tecnología, la ingeniería y las matemáticas en un enfoque interdisciplinario con el objetivo de abordar problemas complejos de forma holística. Su objetivo no es enseñar estas materias de forma aislada, sino interconectarlas en torno a situaciones auténticas que motiven al alumnado a aplicar sus conocimientos en contextos reales. El enfoque STEAM, por su parte, incorpora el componente artístico y creativo, entendiendo que la innovación surge también de la imaginación, el diseño y la expresión estética (Yakman, 2008). Este tipo de educación rompe con la enseñanza tradicional fragmentada, lo que favorece el trabajo por proyectos, la indagación, la experimentación y el uso de tecnologías digitales como herramientas cognitivas. La educación STEM facilita el alcance de competencias esenciales del siglo XXI, tales como:

• La colaboración.
• La comunicación efectiva.
• La alfabetización digital.
• El pensamiento lógico-matemático.
• La resolución de problemas complejos.

Aunque en sus inicios la educación STEM estuvo más asociada a niveles superiores, en la actualidad existe un consenso creciente sobre la necesidad de introducir este enfoque desde la Educación Primaria. El contacto temprano con actividades STEM permite despertar el interés por la ciencia y la tecnología, reducir la brecha de género en estas áreas y construir una base sólida de pensamiento científico y creativo. En la etapa de Educación Primaria, la implementación del enfoque STEAM puede desarrollarse a través de proyectos integrados, desafíos de ingeniería adaptados a la edad, uso de herramientas digitales (como robótica educativa, impresoras 3D o simuladores) y propuestas de diseño artístico vinculadas a fenómenos científicos. Estas actividades permiten al alumnado explorar conceptos abstractos de manera concreta, colaborativa y significativa.

Un ejemplo común es el diseño de un puente o una maqueta de ciudad sostenible, donde el alumnado debe aplicar conocimientos de ciencia (fuerzas, materiales), tecnología (programación, sensores), matemáticas (medidas, proporciones) e incorporar elementos artísticos (diseño, presentación estética). Este tipo de tareas multidisciplinarias desarrolla no solo conocimientos disciplinares, sino también habilidades prácticas, sociales y metacognitivas (Beers, 2011). Sin embargo, a pesar de sus beneficios, la educación STEAM afronta diversos retos, sobre todo en contextos escolares tradicionales.

Uno de los mayores retos es la formación de los docentes: muchos maestros y maestras de Educación Primaria no se sienten seguros para integrar disciplinas como tecnología o ingeniería en sus clases, debido a la falta de formación específica o experiencia en esas áreas. Es necesario diseñar programas de desarrollo profesional que promuevan la alfabetización científica y digital del profesorado y les brinden herramientas para planificar experiencias interdisciplinarias. Otro desafío es el diseño curricular. La educación STEAM requiere un enfoque flexible, que permita la integración de contenidos y la reorganización de los tiempos escolares para el desarrollo de proyectos complejos. Asimismo, debe promoverse una evaluación auténtica que valore de forma integral los resultados finales y los procesos de interacción, reflexión y aplicación del aprendizaje.

Por otro lado, es fundamental garantizar la equidad en el acceso a recursos tecnológicos y experiencias STEAM. Las brechas socioeconómicas pueden limitar la participación de ciertos estudiantes en actividades enriquecedoras, por lo que se requieren políticas inclusivas que promuevan la participación de todos los grupos, incluyendo niñas, minorías culturales y estudiantes con necesidades educativas especiales (Wang & Degol, 2017). La educación STEAM representa una estrategia prometedora para transformar la enseñanza de las ciencias en la Educación Primaria, pues promueve aprendizajes significativos, interdisciplinarios y orientados a la acción. Al combinar ciencia, tecnología, ingeniería, matemáticas y arte, se fortalece el desarrollo integral del alumnado, preparándolo para enfrentar los retos del mundo contemporáneo con creatividad, pensamiento crítico y responsabilidad.

No obstante, su implementación requiere compromiso institucional, formación docente adecuada y un enfoque pedagógico centrado en el alumno, pero sus beneficios justifican por completo la inversión y el esfuerzo. En el anexo 11 se puede visualizar un ejemplo de actividad basada en esta metodología, cómo se podría evaluar, así como un ejemplo sobre la planificación docente. Además, la implementación de programas STEAM en Educación Primaria contribuye a fortalecer la relación entre la escuela y el entorno social, ya que muchas de las actividades y proyectos pueden vincularse con problemas reales de la comunidad. Por ejemplo, el diseño de soluciones para el ahorro de agua, la gestión de residuos o la eficiencia energética permite al alumnado comprender la utilidad de la ciencia y la tecnología en la mejora de la calidad de vida y el cuidado del medio ambiente. Estas experiencias no solo fomentan la conciencia ambiental, sino que también desarrollan un sentido de ciudadanía activa y responsable.

Otro aspecto relevante es el potencial del enfoque STEAM para atender a la diversidad. La combinación de disciplinas científicas con expresiones artísticas y tecnológicas ofrece múltiples vías de acceso al conocimiento, lo que facilita que cada estudiante participe según sus intereses, habilidades y estilos de aprendizaje. Por ejemplo, mientras algunos alumnos pueden destacar en la programación de un prototipo, otros pueden aportar su creatividad en el diseño estético o en la presentación del proyecto, lo que favorece una inclusión real y significativa.

En cuanto a la evaluación, el enfoque STEAM requiere superar las formas tradicionales centradas solo en pruebas escritas. Se promueve el uso de rúbricas, portafolios, autoevaluación y coevaluación, así como la valoración del proceso y del producto final. De este modo, se reconocen competencias como la colaboración, la creatividad y la capacidad de comunicar ideas, además del dominio conceptual. Este modelo de evaluación formativa ofrece información continua al alumnado y al profesorado, y permite ajustes en la enseñanza y aprendizaje.

Por último, la integración del arte en el modelo STEAM resulta esencial para potenciar la creatividad y la innovación, cualidades que permiten a los estudiantes abordar problemas de manera original y generar soluciones con valor estético y funcional. El arte aporta sensibilidad, imaginación y pensamiento divergente, elementos fundamentales para afrontar la complejidad de los desafíos actuales. Así, la educación STEAM no solo forma futuros científicos o ingenieros, sino también ciudadanos capaces de pensar de forma crítica, crear con propósito y colaborar para construir sociedades más sostenibles y humanas.

2.2. Enfoques pedagógicos que fundamentan las metodologías

La enseñanza de las Ciencias Naturales en Educación Primaria se sustenta en diversos enfoques pedagógicos que promueven un aprendizaje significativo, reflexivo y contextualizado. A continuación, se detallan dos de los enfoques más relevantes:

El *aprendizaje significativo*, propuesto por David Ausubel, se basa en la conexión entre los nuevos contenidos y los saberes previos del alumnado. Según Ausubel (2002), *el conocimiento es significativo por definición* cuando se relaciona de manera no arbitraria y sustancial con lo que el alumno ya sabe. Este enfoque destaca la importancia de activar los conocimientos previos para facilitar la asimilación de nueva información, promoviendo una comprensión profunda y duradera. Por ejemplo, al abordar el ciclo del agua, se puede relacionar este proceso con experiencias cotidianas del alumnado, como observar la lluvia o la formación de charcos. Esta conexión facilita la comprensión del fenómeno natural y su contextualización en la vida diaria.

El aprendizaje basado en el *pensamiento crítico y la metacognición* promueve la reflexión, el análisis y la autorregulación del aprendizaje. Según Garofalo *et al.* (2021), este enfoque busca que el alumnado desarrolle habilidades para pensar de manera crítica, cuestionar información y tomar decisiones fundamentadas. La metacognición, entendida como la capacidad de reflexionar sobre los propios procesos de pensamiento, es esencial para que los alumnos se conviertan en aprendices autónomos y conscientes de su propio aprendizaje. Por ejemplo, durante un debate sobre la energía nuclear, el alumnado puede analizar sus ventajas y desventajas, reflexionar sobre sus opiniones y considerar diferentes perspectivas. Esta actividad fomenta el pensamiento crítico y la metacognición, lo que permite a los alumnos evaluar y ajustar sus ideas en función de la información disponible.

A continuación, en la tabla 2.3 se presentan los enfoques pedagógicos que fundamentan estas metodologías:

Tabla 2.3. Enfoques pedagógicos que fundamentan las metodologías

Enfoque/Principio	Definición breve	Ejemplo en Ciencias Naturales (Educación Primaria)
Aprendizaje significativo (Ausubel) y constructivismo	Conexión entre nuevos contenidos y saberes previos del alumnado	Relacionar el ciclo del agua con experiencias cotidianas (lluvia, charcos)
Aprendizaje basado en el pensamiento crítico y la metacognición	Promueve reflexión, análisis y autorregulación del aprendizaje	Debate sobre la energía nuclear: ventajas y desventajas; reflexión sobre lo aprendido

Fuente: Elaboración propia

En síntesis, la enseñanza de las Ciencias Naturales en Educación Primaria se beneficia de enfoques pedagógicos que fomentan tanto la comprensión profunda como la reflexión crítica del alumnado. Mientras que el aprendizaje significativo facilita la conexión de los nuevos contenidos con los conocimientos previos, promoviendo una comprensión duradera y contextualizada, el aprendizaje basado en el pensamiento crítico y la metacognición potencia la reflexión, el análisis y la autorregulación del aprendizaje, desarrollando alumnos autónomos y capaces de evaluar sus propios procesos de pensamiento. La combinación de ambos enfoques contribuye a un aprendizaje más integral, activo y relevante para la vida cotidiana del alumnado.

Además, estos enfoques pedagógicos no solo apoyan la comprensión conceptual, sino que también promueven el desarrollo de competencias transversales esenciales para el aprendizaje integral. Por ejemplo, al relacionar conceptos científicos con experiencias cotidianas, el alumnado no solo entiende mejor el contenido, sino que también desarrolla habilidades de observación, análisis y comunicación. Este enfoque favorece la transferencia del conocimiento a contextos distintos, lo que refuerza la capacidad del alumnado para aplicar lo aprendido en situaciones prácticas de su vida diaria.

Otro aspecto relevante es la posibilidad de fomentar la colaboración y el aprendizaje social a partir de estos enfoques. Las actividades que combinan aprendizaje significativo con pensamiento crítico permiten que los estudiantes compartan sus ideas, discutan diferentes perspectivas y construyan de forma conjunta conocimientos más complejos. La interacción con sus pares no solo refuerza la comprensión conceptual, sino que también desarrolla competencias sociales como la escucha activa, el respeto por opiniones ajenas y la negociación de significados.

Asimismo, el enfoque en la metacognición contribuye a que el alumnado adquiera estrategias de autorregulación que son aplicables más allá del aula de Ciencias Naturales. Reflexionar sobre cómo se aprende, identificar dificultades, planificar acciones y evaluar resultados permite que los estudiantes se conviertan en aprendices autónomos y conscientes, capaces de afrontar retos académicos y personales con mayor eficacia y seguridad.

Por último, la integración de ambos enfoques pedagógicos ofrece al profesorado herramientas para diversificar la enseñanza y atender la diversidad del alumnado. Al combinar estrategias que activan conocimientos previos, promueven la reflexión y favorecen la construcción colaborativa del conocimiento, se crean entornos de aprendizaje más inclusivos y motivadores, donde todos los estudiantes participan de forma activa, exploran conceptos a su ritmo y desarrollan competencias cognitivas, sociales y emocionales de manera integral.

2.3. Estrategias y recursos didácticos complementarios

La enseñanza de las Ciencias Naturales en Educación Primaria se enriquece mediante la implementación de diversas estrategias y recursos didácticos complementarios que favorecen un aprendizaje activo, significativo y multisensorial (tabla 2.4).

Tabla 2.4. Estrategias y recursos didácticos complementarios

Estrategia/Recurso	Definición breve	Ejemplo en Ciencias Naturales (Primaria)
TIC, simulaciones, realidad aumentada y realidad Virtual	Uso de recursos digitales como laboratorios virtuales, realidad aumentada y realidad virtual para explorar conceptos de manera interactiva.	Simulación del sistema solar en realidad virtual; realidad aumentada para observar el cuerpo humano; exploración de ecosistemas virtuales.
Aprendizaje multisensorial	Implicación de varios sentidos (vista, oído, tacto, olfato, gusto) para reforzar conceptos y facilitar la comprensión.	Experimentos de sonido con vasos de agua (oído); observación de reacciones químicas o estructuras de plantas (vista); clasificación de rocas mediante el tacto (tacto); identificación de plantas por olor (olfato); degustación de alimentos para estudiar nutrientes (gusto).

Fuente: Elaboración propia

A continuación, se detallan dos de las estrategias más relevantes:

El uso de las TIC y simulaciones permite representar fenómenos naturales que, de otro modo, serían inaccesibles en el aula. El uso de simuladores digitales facilita la comprensión de conceptos abstractos y complejos, y ofrece experiencias interactivas que potencian el aprendizaje. Por ejemplo, utilizar simuladores del sistema solar o aplicaciones de realidad aumentada para observar el cuerpo humano permite al alumnado explorar y comprender estos conceptos de manera visual e interactiva, lo que facilita la asimilación de contenidos científicos.

El aprendizaje multisensorial implica la utilización de varios sentidos para reforzar la comprensión de conceptos. Según Celis *et al.* (2023), *la integración de diferentes estímulos sensoriales en el proceso de enseñanza-aprendizaje favorece la retención de información y la comprensión profunda de los contenidos.* Por ejemplo, realizar experimentos que involucren el sonido (como la vibración de vasos con agua), el tacto (como la clasificación de diferentes tipos de rocas) o el olfato (como la identificación de aromas de plantas) permite a los estudiantes experimentar directamente los fenómenos naturales, y facilita una comprensión más completa y significativa.

Las estrategias y recursos didácticos complementarios enriquecen la enseñanza de las Ciencias Naturales en Educación Primaria al favorecer un aprendizaje activo, significativo y contextualizado. El uso de TIC y simulaciones permite representar fenómenos complejos de forma interactiva, lo que facilita la comprensión de conceptos abstractos, mientras que el aprendizaje multisensorial involucra diferentes sentidos y refuerza la retención y comprensión de los contenidos. Desde la perspectiva de la FIP, estas estrategias adquieren especial relevancia, ya que permiten que los futuros docentes experimenten y comprendan cómo aplicar recursos innovadores en el aula, integrando teoría y práctica y desarrollando competencias científicas y pedagógicas de manera integral. La combinación de estas estrategias contribuye a que el alumnado construya conocimientos de manera más profunda, pues conecta teoría y práctica y desarrolla competencias científicas y cognitivas de forma integral.

Además, estas estrategias pueden combinarse con metodologías activas ya descritas, como el aprendizaje por indagación, el aprendizaje basado en proyectos o los *escape rooms*. Por ejemplo, las TIC pueden incorporarse en un proyecto de investigación sobre el ciclo del agua mediante simulaciones interactivas que permitan al alumnado experimentar diferentes escenarios climáticos, mientras que el aprendizaje multisensorial puede integrarse en actividades de laboratorio para reforzar observaciones y conclusiones. Esta combinación potencia la comprensión conceptual y la aplicación práctica del conocimiento. Otro beneficio relevante es el fomento de la autonomía y la motivación del alumnado. Al interactuar con recursos digitales o participar en experiencias multisensoriales, los estudiantes se convierten en agentes activos de su aprendizaje, y exploran, prueban y construyen conocimientos de manera autónoma. Esto incrementa la curiosidad científica y el interés por la materia, lo que genera un aprendizaje más profundo y significativo.

Asimismo, la integración de estrategias multisensoriales y digitales contribuye al desarrollo de competencias transversales, como la creatividad, el pensamiento crítico y la resolución de problemas. Por ejemplo, al utilizar simulaciones para experimentar con ecosistemas virtuales, el alumnado es capaz de analizar relaciones entre organismos, predecir resultados de cambios ambientales y proponer soluciones, lo que fortalece tanto sus habilidades cognitivas como su capacidad de toma de decisiones.

Estas estrategias y recursos permiten adaptar la enseñanza a la diversidad del alumnado. Los estudiantes con distintos estilos de aprendizaje o con necesidades educativas especiales se benefician de la combinación de estímulos visuales, auditivos, táctiles y kinestésicos, así como del acceso a herramientas digitales que facilitan la comprensión y la participación activa. Esto contribuye a un aprendizaje inclusivo, donde todos los estudiantes tienen oportunidades de desarrollar competencias científicas y cognitivas de manera efectiva.

Por último, el aprendizaje basado en juegos (ABJ) desempeña un papel fundamental en la Didáctica de las Ciencias Naturales en Educación Primaria, ya que combina el entretenimiento con la adquisición de conocimientos, favoreciendo la motivación y la implicación activa del alumnado. Mediante juegos educativos, tanto digitales como tradicionales, los estudiantes pueden experimentar conceptos científicos de forma práctica, explorar fenómenos naturales, resolver problemas y aplicar lo aprendido en contextos significativos (Soriano-Sánchez et al., 2026). Además, el ABJ promueve habilidades transversales como la cooperación, la comunicación, el pensamiento crítico y la toma de decisiones, al mismo tiempo que facilita la comprensión de contenidos complejos a través de la experiencia directa y el aprendizaje multisensorial. En este sentido, integrar el juego en la enseñanza de las Ciencias Naturales no solo mejora el rendimiento académico, sino que también fomenta una actitud positiva hacia la ciencia y el descubrimiento del mundo que nos rodea.

3. El papel del profesorado en la educación científica

El profesorado desempeña un papel fundamental en la formación científica del alumnado, pues es el mediador que facilita el acceso al conocimiento y promueve el desarrollo de habilidades y actitudes propias del pensamiento científico. En un contexto educativo centrado en metodologías activas, el maestro y maestra no solo transmite información, sino que guía, motiva y acompaña a los alumnos y alumnas en la construcción significativa de su aprendizaje. Este capítulo analiza las competencias, funciones y estrategias que el docente debe desarrollar para fomentar una enseñanza de las ciencias efectiva, innovadora y que responda a las necesidades del alumnado en la Educación Primaria.

3.1. Estrategias lúdicas en el aula de ciencias

Las *estrategias lúdicas* en la educación científica constituyen un recurso pedagógico valioso para motivar, involucrar y facilitar el aprendizaje de conceptos complejos en el alumnado de primaria. La ludicidad en el aula no solo aporta un ambiente de diversión, sino que, según diversos autores, es un medio efectivo para potenciar la creatividad, el pensamiento crítico y el aprendizaje significativo (Piaget, 1962; Vygotsky, 1978).

La incorporación de elementos lúdicos en la enseñanza de las ciencias permite transformar la percepción del conocimiento científico como algo distante o abstracto, acercándolo a la experiencia cotidiana del estudiante. Para Moreno y Valderrama (2014), el juego en el aula genera un contexto en el que el alumnado se siente motivado a explorar, experimentar y formular hipótesis, lo que favorece un aprendizaje activo y constructivo. El juego es una actividad cultural esencial que impulsa el desarrollo cognitivo y social, lo cual es fundamental para el aprendizaje de contenidos científicos que requieren la comprensión y aplicación de procesos y relaciones entre fenómenos naturales. Entre las distintas *estrategias lúdicas* aplicables a la enseñanza de las ciencias, sobresalen:

- **Juegos de simulación.** Permiten a los estudiantes representar procesos científicos o situaciones reales, lo que facilita la comprensión de conceptos complejos mediante la experiencia directa.
- **Juegos de roles.** Fomentan la empatía y el trabajo en equipo, y ayudan al alumnado a internalizar el método científico y la colaboración propia de la investigación científica.
- **Juegos de mesa y desafíos científicos.** Proponen retos que estimulan la resolución de problemas y el razonamiento lógico, lo que incentiva la curiosidad y el aprendizaje autónomo.
- **Actividades experimentales gamificadas.** La *gamificación* incorpora elementos de juego (como puntos, recompensas y niveles) para hacer más atractivas y motivadoras las actividades experimentales en el laboratorio o aula.

La literatura ha demostrado que las *estrategias lúdicas* mejoran de forma significativa la capacidad atencional, la memoria y la comprensión conceptual en alumnado de Educación Primaria (Singer & Singer, 2008). Además, la ludicidad facilita que los y las alumnas aprendan juntos, sin segregación y según la diversidad y las diferencias individuales, puesto que permite adaptar las actividades a distintos estilos y ritmos de aprendizaje. Por otro lado, las *estrategias lúdicas* promueven habilidades socioemocionales fundamentales, entre las que destacan:

- La cooperación.
- La comunicación.
- La gestión de emociones.

Las *estrategias lúdicas* anteriores son necesarias para un aprendizaje efectivo y una convivencia armónica en el aula. Además, el aprendizaje no depende solo de la razón y el conocimiento, sino también de cómo la persona cree, siente y se predispone ante el aprendizaje, y esas dimensiones emocionales tienen un papel central en el proceso educativo. Autores como Gómez (2017) plantean que el dominio afectivo, conformado por creencias, actitudes y emociones, influye en cómo se enseña y aprende al generar predisposiciones y guiar decisiones. Por esta razón, estos subdominios del afecto actúan de forma cíclica y reguladora del conocimiento.

Aunque las *estrategias lúdicas* ofrecen múltiples beneficios, su aplicación requiere una planificación cuidadosa y un conocimiento profundo del currículo y las características del alumnado. Los docentes deben equilibrar la dimensión lúdica con los objetivos de aprendizaje para asegurar que el juego no se convierta en mera distracción. Además, es importante que el docente asuma un cometido activo de mediador, guiando la reflexión y el análisis posterior a la actividad lúdica para consolidar los aprendizajes científicos.

3.1.1. Prácticas en el laboratorio escolar

Las prácticas en el *laboratorio escolar* son una herramienta pedagógica esencial para la enseñanza de las ciencias en la Educación Primaria. Constituyen una estrategia activa que otorga la posibilidad al alumnado de experimentar de forma directa con materiales y fenómenos, lo que favorece un aprendizaje significativo y la construcción de conocimientos científicos a partir de la observación, la manipulación y la experimentación (Hofstein & Lunetta, 2004).

La inclusión del *laboratorio* en la enseñanza de las Ciencias Naturales ofrece múltiples beneficios para el desarrollo cognitivo y afectivo del alumnado. Las prácticas de laboratorio facilitan la comprensión de conceptos abstractos al vincularlos con experiencias concretas y manipulativas, lo que favorece la internalización de ideas científicas y su aplicación en contextos reales. Además, el laboratorio fomenta competencias científicas fundamentales, entre las que se encuentran:

- La observación sistemática.
- La formulación de hipótesis.
- La medición precisa.
- El registro de datos
- La elaboración de conclusiones.

Estas habilidades no solo son clave para la educación científica, sino que también contribuyen a la formación de un pensamiento crítico y analítico. Incorporar la naturaleza de la ciencia en las propuestas de enseñanza en la FIP permite unir ideas nuevas con métodos tradicionales, mejora la comprensión de los aspectos teóricos, sociales e históricos de la ciencia, y muestra oportunidades para hacer que las actividades de laboratorio sean más coherentes y conectadas con contextos reales, al mismo tiempo que destaca la relevancia de implementar metodologías innovadoras que fomenten un aprendizaje activo y significativo (Ferragutti *et al.*, 2020).

Para que las prácticas en el *laboratorio* sean efectivas, es necesario que estén bien planificadas y adaptadas a las características y nivel de desarrollo de los estudiantes de primaria. Las actividades deben ser seguras, accesibles y motivadoras, y deben promover la exploración autónoma y el trabajo colaborativo. En este sentido, el docente desempeña un papel crucial en la preparación, guía y supervisión de las prácticas. De hecho, como indica Millar (2006), su función no se limita a explicar procedimientos, sino que debe incentivar la indagación, fomentar la reflexión y facilitar la discusión sobre los resultados obtenidos. Esto convierte al laboratorio en un espacio de aprendizaje activo en el que el alumnado genera conocimiento mediante la experiencia directa.

Asimismo, la combinación del aula invertida y la enseñanza por indagación se configura como un enfoque pedagógico innovador que fortalece la FIP en Ciencias Naturales, promoviendo la motivación, la creatividad y la autonomía en el aprendizaje, y ofreciendo herramientas efectivas para diseñar y aplicar prácticas educativas significativas en el aula. En la Educación Primaria, las prácticas de laboratorio varían desde simples experimentos demostrativos hasta actividades más complejas que involucren la formulación y comprobación de hipótesis. Entre las prácticas comunes se encuentran:

- **Experimentos de observación.** Como el ciclo del agua, la germinación de semillas o la flotabilidad, que permiten al alumnado visualizar procesos naturales.
- **Manipulación de materiales.** Exploración de propiedades físicas y químicas de sustancias comunes.
- **Actividades de medición y registro.** Uso de instrumentos básicos para tomar datos y aprender a documentar resultados.

Estas prácticas deben promover la seguridad y la responsabilidad, y enseñar al alumnado a manejar el material de laboratorio con cuidado y respeto. La implementación de prácticas en el laboratorio en la Educación Primaria afronta desafíos, como la limitación de recursos materiales, temporales y espaciales, la formación del profesorado, como por ejemplo a través de los debates y la gestión del tiempo. Sin embargo, estos obstáculos pueden superarse mediante el uso de materiales didácticos sencillos, experimentos adaptados y la formación continua de los docentes. Es recomendable que las prácticas se integren dentro de un enfoque didáctico que combine la experimentación con la reflexión y el análisis, con el fin de asegurar que los estudiantes comprendan no solo el «cómo», sino también el «porqué» de los fenómenos científicos.

Las prácticas de laboratorio permiten al alumnado desarrollar competencias transversales, como la colaboración, la comunicación científica y la capacidad de resolución de problemas. Al trabajar en grupos, los estudiantes aprenden a coordinar tareas, discutir resultados, argumentar conclusiones y asumir responsabilidades compartidas, habilidades esenciales para su formación integral. Otro aspecto relevante es el fomento de la curiosidad y la motivación intrínseca. La posibilidad de manipular materiales y observar fenómenos en tiempo real genera un sentido de descubrimiento y experimentación que potencia el interés por la ciencia. Este tipo de experiencias promueve la autonomía del alumnado, ya que los estudiantes tienen la oportunidad de formular preguntas, probar hipótesis y explorar alternativas antes de llegar a conclusiones.

Asimismo, las prácticas de laboratorio ofrecen un contexto ideal para la integración de tecnologías educativas. El uso de sensores, tabletas, simulaciones digitales o laboratorios virtuales complementa la experiencia práctica, por lo que permite que los estudiantes recojan datos con mayor precisión, visualicen fenómenos difíciles de observar directamente y analicen resultados de manera más interactiva. La combinación de recursos físicos y digitales favorece un aprendizaje más completo, multisensorial y significativo.

En suma, las prácticas en el laboratorio escolar son un espacio propicio para consolidar la comprensión del método científico. Al involucrar al alumnado en la observación, la experimentación, la medición y la interpretación de resultados, se refuerza la noción de que la ciencia es un proceso sistemático y reflexivo, no un conjunto de hechos aislados. Esto contribuye a formar estudiantes críticos, capaces de evaluar evidencia, argumentar con base científica y aplicar conocimientos en distintos contextos, habilidades clave para la educación científica en el siglo XXI.

3.1.2. Salidas al entorno

A lo largo de la evolución educativa, ciertos principios han permanecido vigentes y se han adaptado a los cambios sociales y pedagógicos sin perder su esencia. Uno de estos principios es la importancia del aprendizaje fuera del aula. Desde los movimientos de Renovación Pedagógica y la Escuela Nueva, surgidos entre los siglos XIX y XX, se ha enfatizado la necesidad de un contacto directo con el entorno como medio para generar aprendizajes significativos. Por su parte, Dewey (1938), Montessori (1912) o Freinet (1993) defendieron que la experiencia constituye el eje central del proceso educativo, más que un mero complemento. En este marco, la enseñanza de las Ciencias Naturales se ha ido estructurando de forma progresiva, teniendo en cuenta las diferentes etapas del desarrollo cognitivo del alumnado.

Las *salidas al entorno* constituyen estrategias pedagógicas fundamentales para la enseñanza de las ciencias en la Educación Primaria. Estas actividades ofrecen al alumnado la posibilidad de establecer contacto directo con el entorno natural y social, lo que favorece un aprendizaje vivencial y contextualizado que enriquece la comprensión de los fenómenos científicos (Rickinson *et al.*, 2004). El contacto con el medio natural a través de salidas pedagógicas posibilita que el alumnado observe, explore y analice de manera directa los elementos y procesos científicos que estudian en el aula. Estas experiencias promueven el desarrollo de habilidades científicas, tales como:

- La observación detallada.
- La formulación de preguntas.
- La interpretación de datos, además de despertar la curiosidad y el interés por el conocimiento.

La literatura ha evidenciado que estos espacios también fomentan emociones positivas y fortalecen el vínculo entre conocimiento y experiencia (Aguilera, 2018). La motivación emerge como un factor clave en este proceso, ya que influye de forma directa en el rendimiento académico, la autonomía y la persistencia del alumnado. En Ciencias Naturales, se manifiesta mediante la exploración activa, el interés por descubrir y la implicación emocional con los fenómenos del entorno (Chengere *et al.*, 2025). Desde la teoría de la autodeterminación (Deci y Ryan, 1985), se plantea que una motivación duradera se logra al satisfacer necesidades básicas como la autonomía, la competencia y el sentido de pertenencia, aspectos que inciden de forma directa en la autoeficacia y en una mejora de los resultados educativos (Wang *et al.*, 2023).

La motivación emerge como un elemento central en el proceso de enseñanza-aprendizaje, ya que repercute en el rendimiento académico y en la calidad del conocimiento construido por el alumnado. Por tanto, el trabajo de campo, entendido como la investigación y recogida de información en un entorno real, facilita la aplicación práctica de conceptos científicos y la comprensión de la interrelación entre los elementos del ecosistema o contexto estudiado. Este enfoque contribuye a desarrollar una conciencia ambiental y una actitud responsable hacia la conservación y el cuidado del entorno. En particular, las salidas pedagógicas adoptan diversas formas según los objetivos educativos, los recursos disponibles y el contexto. Algunas modalidades comunes incluyen:

- **Visitas a espacios naturales protegidos.** Parques, reservas o jardines botánicos donde el alumnado puede observar la biodiversidad y los procesos ecológicos.
- **Excursiones a centros científicos y museos.** Facilitan la aproximación a conceptos científicos mediante exposiciones interactivas y talleres.
- **Investigaciones y muestreos en el entorno escolar.** Trabajo directo en el patio, huerto escolar o áreas verdes próximas para recolectar datos y analizar variables ambientales.

Las salidas al entorno y el trabajo de campo favorecen no solo la adquisición de conocimientos científicos, sino también el fortalecimiento de competencias transversales, como (Rickinson *et al.*, 2004):

- El trabajo en equipo.
- La comunicación.
- La resolución de problemas.

Además, estas actividades enriquecen el aprendizaje significativo al interrelacionar la teoría con la práctica real, lo que facilita la retención y la transferencia de lo aprendido. Desde el punto de vista socioemocional, estas experiencias contribuyen a la motivación, el bienestar y la autoestima de los alumnos y alumnas, al ofrecerles un contexto diferente y estimulante para aprender.

La realización de salidas pedagógicas y trabajo de campo implica una organización logística que contempla permisos, transporte, recursos materiales y medidas de seguridad. Además, el docente debe preparar previamente a los estudiantes, guiarlos durante la actividad y promover una reflexión posterior que permita consolidar los aprendizajes. En consecuencia, uno de los retos más importantes es garantizar la igualdad de acceso a estas experiencias, considerando las circunstancias socioeconómicas y la diversidad del alumnado. La colaboración con la familia y la comunidad resulta clave para superar estas barreras.

Además, las salidas al entorno permiten desarrollar competencias cognitivas y metacognitivas esenciales para la formación científica del alumnado. Durante estas experiencias, los estudiantes no solo recogen información y observan fenómenos, sino que también aprenden a planificar la actividad, seleccionar estrategias de investigación, registrar datos de manera sistemática y reflexionar sobre los resultados obtenidos. Este enfoque fomenta la capacidad de analizar, interpretar y sintetizar información, consolidando habilidades de pensamiento crítico que serán útiles en contextos académicos y cotidianos. Otro beneficio relevante es el fortalecimiento de las competencias sociales y emocionales. Al trabajar en grupos durante las salidas, el alumnado aprende a colaborar, comunicar ideas, negociar roles y resolver conflictos de manera constructiva. Estas experiencias promueven la empatía, la responsabilidad compartida y la apreciación de la diversidad de perspectivas, lo que contribuye al desarrollo integral de los estudiantes y a su preparación para la vida en sociedad.

En definitiva, las salidas al entorno ofrecen oportunidades para la integración de recursos tecnológicos y metodologías activas. El uso de tabletas, aplicaciones de geolocalización, cámaras digitales o sensores ambientales permite al alumnado recoger datos más precisos, documentar observaciones y analizar resultados de manera interactiva. La combinación de experiencias directas con herramientas digitales potencia el aprendizaje multisensorial y facilita la comprensión de fenómenos complejos que, de otro modo, serían abstractos o poco accesibles. Las salidas al entorno refuerzan la relación entre la ciencia y la vida cotidiana, y muestran al alumnado que los conceptos estudiados en el aula tienen aplicación y relevancia en su entorno cercano. Esta conexión contextualizada entre teoría y práctica no solo incrementa la motivación, sino que también contribuye a formar ciudadanos conscientes y responsables con el medio ambiente, capaces de tomar decisiones fundamentadas sobre problemas reales y de valorar la importancia de la conservación y la sostenibilidad.

Interdisciplinariedad. Ciencias y otras áreas

La interdisciplinariedad se presenta como un enfoque pedagógico fundamental en la Educación Primaria, en especial en la enseñanza de las ciencias, ya que permite integrar conocimientos, habilidades y valores de distintas áreas para abordar problemas y fenómenos complejos de manera más completa y significativa. Este enfoque rompe con la fragmentación tradicional del currículo, promoviendo conexiones que enriquecen el aprendizaje y fomentan la transferencia de conocimientos.

La *enseñanza interdisciplinar* en ciencias busca superar la enseñanza aislada de contenidos, pues fomenta la integración con áreas como las matemáticas, la tecnología, la lengua, la educación artística y las ciencias sociales. La interdisciplinariedad permite que el alumnado desarrolle una visión holística, lo que promueve competencias clave como el pensamiento crítico, la resolución de problemas y el pensamiento divergente. En el contexto de la educación científica, vincular las ciencias con otras disciplinas facilita que el alumnado comprenda el impacto de la ciencia en la sociedad, la cultura y el medio ambiente, lo que contribuye a formar ciudadanos responsables y conscientes. Entre los ejemplos de integración interdisciplinar en la etapa educativa de la Educación Primaria, se encuentran:

- **CMN y Matemáticas.** La utilización de datos estadísticos para analizar resultados de experimentos, cálculo de medidas y elaboración de gráficos que representan fenómenos científicos.
- **CMNy Lengua Castellana y Literatura.** Desarrollo de habilidades comunicativas mediante la redacción de informes, la exposición oral de proyectos científicos y la lectura comprensiva de textos científicos.

- **CMN y Educación Artística.** Creación de representaciones visuales, dramatizaciones y actividades creativas que potencian la comprensión de conceptos científicos y la expresión emocional.
- **CMN y Educación Física.** Las actividades físicas se combinan con el aprendizaje de conceptos científicos, permitiendo que los estudiantes comprendan la naturaleza y los fenómenos del entorno a través del movimiento y la interacción práctica. Juegos, simulaciones y dinámicas corporales ayudan a reforzar el conocimiento del medio, mientras desarrollan habilidades motrices, coordinación y trabajo en equipo, promoviendo un aprendizaje activo y significativo que conecta el cuerpo con la comprensión de la realidad natural.

La *interdisciplinariedad* implica una planificación coordinada entre docentes de diferentes áreas y un currículo flexible que permita la integración de contenidos. Además, requiere que los profesores posean una formación adecuada y trabajen en colaboración para diseñar actividades significativas y coherentes. Por tanto, es importante que la interdisciplinariedad mantenga un equilibrio entre la profundidad en cada área y la conexión entre ellas, para evitar la superficialidad en el aprendizaje. La evaluación también debe adaptarse, valorando tanto los conocimientos específicos como las competencias transversales desarrolladas.

La implementación de propuestas curriculares interdisciplinar-colaborativas, articuladas mediante codocencia y reflexión sobre la propia práctica, evidencia que la FIP fortalece la integración disciplinar y el desarrollo de competencias, y prepara a los futuros docentes para afrontar de manera integral los desafíos educativos contemporáneos. Las ocho competencias clave actuales (tabla 3.1) tienen su origen en la Recomendación del Consejo de la Unión Europea (2018), que establece un marco común de competencias esenciales para el aprendizaje permanente aplicable a todos los Estados miembros. Este marco europeo busca preparar al alumnado para la vida adulta, la participación social y la empleabilidad.

En el marco de la educación en España, las ocho competencias clave establecidas por la LOE-LOMLOE son: la competencia en comunicación lingüística (CCL), que permite expresarse y comprender mensajes de forma oral, escrita y multimodal; la competencia plurilingüe (CP), orientada al uso eficaz de distintas lenguas; la competencia matemática y en ciencia, tecnología e ingeniería (STEM), que impulsa el razonamiento lógico, la aplicación del método científico y la innovación tecnológica; la competencia digital (CD), centrada en el uso crítico y seguro de las tecnologías; la competencia personal, social y de aprender a aprender (CPSAA), que favorece la gestión del propio aprendizaje, la resiliencia y la colaboración; la competencia ciudadana, vinculada a la participación activa, responsable y sostenible en la vida social y democrática (CC);

la competencia emprendedora, que fomenta la iniciativa, la creatividad y la transformación de ideas en proyectos de valor (CE); y competencia en conciencia y expresiones culturales (CCE), que promueve la apreciación y respeto por las manifestaciones culturales y artísticas, así como el desarrollo de la propia creatividad.

Tabla 3.1. Competencias clave en Educación Primaria y su finalidad

Competencia clave	Finalidad principal
1. Competencia en lectoescritura	Desarrollar la capacidad de comprender, expresar e interpretar pensamientos, sentimientos y hechos de forma oral y escrita, en distintos contextos
2. Competencia multilingüe	Favorecer la comunicación en lenguas distintas de la materna, promoviendo la diversidad cultural y la movilidad
3. Competencia matemática y competencias en ciencia, tecnología e ingeniería (STEM)	Aplicar el pensamiento lógico, científico y tecnológico para resolver problemas y comprender el mundo natural y social.
4. Competencia digital	Usar de manera segura, crítica y responsable las tecnologías digitales para aprender, comunicarse, trabajar y participar en la sociedad
5. Competencia personal, social y de aprender a aprender	Fomentar la autonomía, la resiliencia y la capacidad de aprender a lo largo de la vida, desarrollando habilidades socioemocionales.
6. Competencia ciudadana	Preparar para una participación activa, ética y democrática en la sociedad, respetando derechos humanos y valores comunes.
7. Competencia emprendedora	Desarrollar la creatividad, la iniciativa y la capacidad para transformar ideas en acciones con responsabilidad.
8. Competencia en conciencia y expresión culturales	Valorar la diversidad cultural y fomentar la expresión artística, creativa y cultural como parte de la identidad personal y social.

Fuente: Elaboración propia

Estas competencias, lejos de desarrollarse de manera aislada, encuentran su verdadero sentido en la interdisciplinariedad, ya que se potencian unas a otras al integrarse en SdA que combinan diversas áreas del conocimiento. De este modo, la comunicación lingüística se enlaza con el pensamiento científico y digital, la conciencia cultural se nutre de la creatividad emprendedora, y la ciudadanía responsable se fortalece mediante la colaboración social y el aprendizaje continuo, conformando un marco educativo integral en el que los saberes se interconectan para dar respuestas más completas, críticas y sostenibles a los retos del siglo XXI.

Estas competencias se interrelacionan de manera especial con el aprendizaje de las Ciencias Naturales, ya que esta área del conocimiento favorece la integración de saberes y habilidades en contextos reales. Por ejemplo, el estudio del medio ambiente requiere la comunicación lingüística para argumentar y difundir conclusiones, la competencia plurilingüe para acceder a fuentes internacionales, la competencia digital para analizar datos y simular procesos, y la competencia STEM para comprender fenómenos y proponer soluciones innovadoras.

Asimismo, la dimensión ciudadana y la conciencia cultural se reflejan en la educación ambiental y en la responsabilidad hacia el uso sostenible de los recursos naturales, mientras que la competencia emprendedora impulsa proyectos científicos y tecnológicos con impacto social. En este sentido, la FIP adquiere una función central, ya que permite que los futuros docentes comprendan cómo integrar estas competencias en su práctica educativa y desarrollen estrategias que conecten el conocimiento académico con los desafíos globales y locales, y fomenten un aprendizaje interdisciplinar y significativo en el alumnado. En conjunto, el aprendizaje de las Ciencias Naturales se convierte en un terreno privilegiado para el desarrollo interdisciplinar de las competencias que conecta el conocimiento académico con los desafíos globales y locales que afronta la humanidad.

La interdisciplinariedad en la Educación Primaria no solo favorece la integración de contenidos, sino que también potencia la motivación y el compromiso del alumnado al mostrar la relevancia del aprendizaje en contextos reales. Cuando los estudiantes perciben que los conocimientos de distintas áreas se relacionan y pueden aplicarse a situaciones concretas, se incrementa su interés, curiosidad y participación activa. Este enfoque promueve aprendizajes más profundos y duraderos, ya que conecta la teoría con la práctica y fomenta la reflexión sobre la utilidad de lo aprendido. Además, la interdisciplinariedad facilita el desarrollo de competencias transversales esenciales para la vida en sociedad, tales como la cooperación, la comunicación efectiva, la resolución de problemas complejos y la creatividad. El trabajo en proyectos interdisciplinarios permite que el alumnado colabore en equipos, distribuya responsabilidades, planifique actividades y presente resultados, fortaleciendo de forma simultánea habilidades sociales, cognitivas y metacognitivas.

La coordinación entre docentes de diferentes áreas constituye otro elemento clave para el éxito de la interdisciplinariedad. La planificación conjunta, la codocencia y la reflexión compartida sobre la práctica educativa permiten diseñar secuencias didácticas de aprendizaje (SdA) coherentes, que integren contenidos de manera equilibrada y eviten la superficialidad en el aprendizaje. Esta colaboración también posibilita la atención a la diversidad, adaptando actividades para responder a distintos ritmos, estilos de aprendizaje y necesidades educativas del alumnado. Asimismo, la interdisciplinariedad se ve reforzada por el uso de metodologías activas y recursos innovadores. La integración de TIC, laboratorios, salidas al entorno, proyectos de aula, gamificación o simulaciones permite abordar fenómenos complejos desde múltiples perspectivas, lo que promueve la indagación, la experimentación y la resolución de problemas de forma práctica y contextualizada. Esto transforma el aprendizaje en un proceso dinámico, significativo y conectado con la realidad.

En suma, la interdisciplinariedad en la enseñanza de las Ciencias Naturales constituye un eje estratégico para la FIP. Al experimentar y planificar actividades que integran distintas áreas, los futuros docentes adquieren competencias para diseñar experiencias educativas significativas, por lo que se incentiva en el alumnado la curiosidad científica, el pensamiento crítico, la creatividad y la responsabilidad social. De este modo, la enseñanza interdisciplinar no solo desarrolla conocimientos y habilidades, sino que también prepara a los estudiantes para enfrentarse a los retos locales y globales de manera crítica, ética y sostenible.

4. Atención a la diversidad y evaluación formativa y auténtica en ciencias

La *educación científica* en Educación Primaria debe responder a la diversidad del alumnado, atendiendo a sus diferentes ritmos, estilos de aprendizaje y necesidades específicas. La *atención a la diversidad* no solo implica la inclusión, sino también la adaptación de estrategias didácticas que permitan a todos los alumnos y alumnas acceder y construir el conocimiento científico de manera significativa. En este contexto, la evaluación formativa y auténtica se presenta como un instrumento esencial para acompañar y potenciar el aprendizaje, proporcionando información continua y real sobre el progreso del alumno. Este capítulo aborda cómo integrar estas perspectivas en la enseñanza de las ciencias, con el fin de mejorar la calidad educativa y favorecer el desarrollo integral de todo el alumnado.

4.1. Atención a la diversidad y a las diferencias individuales

La *atención a la diversidad y a las diferencias individuales* es un principio fundamental en la educación contemporánea, en especial en el ámbito de la enseñanza de las Ciencias Naturales en la Educación Primaria. Reconocer y valorar la heterogeneidad del alumnado es imprescindible para diseñar procesos educativos inclusivos que respondan a las necesidades, intereses y capacidades de cada estudiante, lo que promueve un aprendizaje significativo y equitativo (Unesco, 2009), individualiza (según las capacidades del alumno o alumna) y personaliza la enseñanza (en relación con sus intereses).

La diversidad en el aula se manifiesta en múltiples dimensiones: biológica, de género, cultural, social o funcional. Cada estudiante posee un conjunto único de características que influyen en su manera de aprender y en su relación con los contenidos científicos (Tomlinson, 2014). Las diferencias individuales, por su parte, hacen referencia a las variaciones en estilos de aprendizaje, motivación, ritmos y niveles de desarrollo, que deben ser tenidas en cuenta para optimizar la enseñanza (Gardner, 1983). En consecuencia, hoy en día, para garantizar una educación de calidad se ha de favorecer la atención a la diversidad y las diferencias individuales, a través de actuaciones y medidas que garanticen la respuesta a las necesidades educativas de todo el alumnado, con un enfoque global e inclusivo. Así, estas actuaciones y medidas pueden ser metodológicas, organizativas (tiempos y espacios) y curriculares (mediante sistemas aumentativos o alternativos de comunicación o adecuando el currículo).

La normativa educativa española reconoce la relevancia de atender a la diversidad como garantía de igualdad, equidad, inclusión y derecho a una educación de calidad (LOE-LOMLOE). De hecho, establece que los centros educativos deben implementar medidas de atención a la diversidad que incluyan una atención específica (recursos y medidas específicas) y que involucre en el proceso de enseñanza y aprendizaje a toda la comunidad educativa. Además, para atender la diversidad en el aula de ciencias, es fundamental que el docente adopte un enfoque pedagógico flexible, que contemple:

- **Adaptaciones curriculares.** Modificación de objetivos generales de etapa, saberes básicos, competencias y criterios de evaluación, para ajustar, adaptar o adecuar el currículo a las capacidades y necesidades individuales del alumno o alumna.
- **Metodologías activas y diferenciadas.** La enseñanza de las ciencias contemporánea requiere la implementación de metodologías didácticas innovadoras que contemplen la diversidad de niveles y estilos de aprendizaje. Entre estas estrategias destacan los proyectos, experimentos y actividades lúdicas, que permiten abordar los contenidos de manera flexible y adaptada a cada estudiante. En este contexto, el aprendizaje experiencial, propuesto por David Kolb (1984), se configura como un enfoque que promueve el aprendizaje cooperativo mediante actividades multinivel, lo que asegura que se atiendan las necesidades individuales del alumnado.

La incorporación de la perspectiva de género resulta fundamental para garantizar una educación científica inclusiva y equitativa. Es importante reconocer que las concepciones previas del profesorado influyen en la adopción de enfoques pedagógicos innovadores, por lo que su identificación y consideración en los programas de formación docente es esencial. Investigaciones recientes que han integrado actividades lúdicas en la enseñanza universitaria de las ciencias evidencian cambios significativos: los futuros docentes valoran el juego como estrategia pedagógica y reconocen el papel de las mujeres en la ciencia, a las que consideran referentes y modelos.

- **Agrupamientos heterogéneos y colaborativos.** Fomentar el trabajo en equipo y la cooperación entre alumnos y alumnas con distintas fortalezas para potenciar el aprendizaje mutuo.
- **Recursos accesibles.** Utilización de materiales visuales, tecnológicos y manipulativos que faciliten la comprensión y participación de todo el alumnado (Rose & Meyer, 2002).

Abordar la diversidad y las diferencias individuales no solo incrementa el rendimiento académico, sino que también promueve el desarrollo global del alumnado, lo que incluye aspectos cognitivos, emocionales y sociales. Un ambiente inclusivo promueve la autoestima, la motivación y la convivencia positiva, elementos esenciales para un aprendizaje científico efectivo. Al reconocer y respetar las diferencias individuales, se fomenta un clima de aula en el que todo el alumnado se siente valorado y empoderado, lo que repercute en una mayor implicación y éxito educativo. Además, la atención a la diversidad requiere una planificación didáctica flexible y dinámica, que permita anticipar posibles dificultades y ofrecer alternativas de aprendizaje ajustadas a cada estudiante. Esto implica que el docente no solo debe conocer las características individuales de su alumnado, sino también diseñar estrategias de evaluación formativa que permitan identificar avances y necesidades en tiempo real, adaptando las actividades y recursos según los resultados obtenidos.

En la enseñanza de las Ciencias Naturales, esta adaptación puede materializarse mediante la utilización de múltiples representaciones de los contenidos: esquemas, modelos tridimensionales, simulaciones digitales, vídeos y experimentos prácticos. Cada recurso ofrece diferentes vías de acceso al conocimiento, lo que favorece que todos los estudiantes, con independencia de su estilo de aprendizaje o ritmo de comprensión, interactúen con los conceptos científicos de manera significativa.

Asimismo, la atención a la diversidad promueve el desarrollo de competencias transversales, como la autonomía, la resolución de problemas y la capacidad de trabajo en equipo. Al participar en actividades diferenciadas, los estudiantes aprenden a gestionar sus propios aprendizajes, tomar decisiones, planificar estrategias y colaborar con sus compañeros, lo que fortalece no solo sus habilidades cognitivas, sino también sus competencias sociales y emocionales.

Es fundamental que el docente adopte una actitud reflexiva y abierta, y evalúe a menudo la eficacia de sus intervenciones y ajuste su práctica pedagógica en función de la evolución del alumnado. La FIP debe incluir la adquisición de herramientas y recursos que faciliten esta labor, así como la sensibilización hacia la diversidad cultural, funcional y de género, para garantizar que todas las decisiones educativas estén orientadas a la equidad y la inclusión. Por último, la creación de un entorno de aula inclusivo no se limita a la implementación de estrategias pedagógicas diferenciadas, sino que también requiere el fomento de valores como el respeto, la solidaridad y la empatía. Cuando el alumnado percibe que sus diferencias son valoradas y que su participación es relevante, se generan experiencias de aprendizaje más enriquecedoras y motivadoras, lo que favorece el desarrollo integral de todos los estudiantes y cnsolida una educación científica de calidad.

4.1.1. Alumnado con NEAE

La atención educativa a los alumnos y alumnas con necesidades específicas de apoyo educativo (NEAE) constituye un pilar esencial en el marco de una escuela inclusiva (Ainscow, 2025). La inclusión, puede entenderse como *un proceso que garantiza el acceso, la participación y el progreso del alumnado en un entorno común requiere el diseño y aplicación de actuaciones y medidas no solo organizativas y curriculares, sino también metodológicas.* Para ello, es necesaria la transformación del sistema educativo en su totalidad, de manera que contemple la diversidad del alumnado y responda a sus necesidades, estilos de aprendizaje y contextos. A su vez, la LOE-LOMLOE apuesta de forma decidida por una educación inclusiva que elimine las barreras para el aprendizaje y la participación, promoviendo una respuesta educativa flexible y personalizada basada en los principios del DUA. Este enfoque permite anticipar y planificar una enseñanza que tenga en cuenta la variabilidad del alumnado, lo que facilita múltiples formas de representación, acción y expresión, así como compromiso.

El alumnado con NEAE requiere una escolarización diferente a la ordinaria, por un periodo o a lo largo de toda ella, mediante la aplicación de medidas o recursos específicos. Nos referimos al alumnado que presenta discapacidad, trastornos del desarrollo, dificultades específicas de aprendizaje, altas capacidades, así como a aquel alumnado que se incorpore tardíamente al sistema educativo o con situaciones personales de vulnerabilidad y necesite acciones de carácter compensatorio. Para ello, resulta clave el trabajo coordinado del equipo docente con los profesionales de orientación educativa y el profesorado de apoyo, así como la implicación activa de las familias.

Entre las estrategias más eficaces destacan el uso de metodologías activas, la adaptación de materiales, la flexibilización de tiempos y agrupamientos, el empleo de tecnologías de apoyo, y la evaluación diferenciada y formativa. Estas prácticas permiten tanto el acceso al currículo como el desarrollo de las competencias clave en condiciones de equidad. En consecuencia, fomentar la inclusión educativa implica reconocer el valor de la diversidad, diseñar entornos de aprendizaje accesibles y ofrecer los apoyos que se consideren necesarios para que todos los alumnos y alumnas y, en especial, el que presenta NEAE, pueda aprender y desarrollarse con plenitud en el aula ordinaria. Para ello, se necesitan redes estratégicas de trabajo colaborativo mediante la aplicación de la codocencia.

El alumnado con NEAE se beneficia sobre todo de una atención individualizada que contempla tanto sus fortalezas como sus necesidades específicas. Esto implica diseñar actividades que permitan distintos niveles de complejidad y ofrecer múltiples vías de acceso al conocimiento, lo que garantiza que cada estudiante participa de forma en las experiencias de aprendizaje científico. Por ejemplo, la utilización de materiales manipulativos, modelos visuales, simulaciones digitales o guías adaptadas permite que los conceptos de ciencias naturales sean comprendidos y experimentados por todos.

La planificación docente debe incluir estrategias de apoyo sistemáticas, como la estructuración clara de las actividades, el uso de señales visuales y auditivas, y la repetición de contenidos clave. Asimismo, es recomendable promover la autonomía del alumnado mediante tareas graduadas que incrementen de forma progresiva la dificultad y fomenten la autoevaluación y la autorregulación del aprendizaje. El trabajo colaborativo entre profesorado, orientadores, especialistas y familias resulta determinante para la eficacia de las medidas de atención a los alumnos con NEAE. La comunicación constante permite identificar necesidades emergentes, ajustar intervenciones y garantizar que los apoyos sean consistentes tanto en el aula como en otros entornos educativos. Además, la implicación de las familias contribuye a reforzar aprendizajes, motivar al alumnado y crear un clima de confianza que favorezca su desarrollo integral.

La integración de las TIC como herramientas de apoyo se configura como una estrategia fundamental para atender la diversidad. Programas educativos adaptativos, aplicaciones interactivas y recursos digitales accesibles permiten a los alumnos con NEAE explorar conceptos científicos a su propio ritmo y de manera personalizada. Esto no solo facilita la comprensión de los contenidos, sino que también promueve la participación activa, la motivación y la autoconfianza. Por último, la inclusión efectiva de alumnos y alumnas con NEAE en el aula ordinaria requiere un enfoque reflexivo y flexible por parte del docente. Es necesario evaluar continuamente la efectividad de las estrategias aplicadas, identificar barreras que puedan surgir y ajustar las prácticas pedagógicas en función de los progresos y dificultades observadas. De esta manera, se asegura que cada estudiante pueda desarrollarse por completo, adquirir competencias científicas y disfrutar de una experiencia educativa enriquecedora y equitativa.

Enseñanza multisensorial

La *enseñanza multisensorial* es una estrategia pedagógica que cobra especial relevancia en la enseñanza de Ciencias Naturales en la Educación Primaria para contribuir al despertar de los sentidos. Esta metodología se basa en la activación simultánea y coordinada de varios sentidos para potenciar la comprensión y el aprendizaje de los fenómenos naturales, lo que favorece una experiencia educativa más rica, activa y significativa para el alumnado.

En la práctica educativa se puede llevar a cabo a través del DUA, mediante los principios de representación, acción y expresión, así como compromiso, y sus diferentes pautas, tales como (Elizondo, 2022):

- Facilitar la elección y la autonomía.
- Ofrecer múltiples medios de comunicación.
- Garantizar el desarrollo de la empatía y la convivencia restaurativa.

Las Ciencias Naturales presentan contenidos complejos que involucran procesos, estructuras y fenómenos que no siempre son fácilmente comprensibles a través del lenguaje verbal o textual. Por ello, incorporar estímulos sensoriales diversos permite al alumnado construir modelos mentales más claros y completos. Desde el enfoque constructivista, el aprendizaje se entiende como una construcción activa donde el alumno interpreta y da sentido a la información recibida. La multisensorialidad en la enseñanza proporciona múltiples vías para que cada estudiante conecte con el contenido a partir de sus propias experiencias sensoriales, lo que favorece la internalización y el aprendizaje significativo. En el contexto de las Ciencias Naturales, el método de enseñanza multisensorial se manifiesta a través de diversas prácticas (figura 4.1):

- **Observación directa.** El contacto con elementos naturales (plantas, rocas, insectos) favorece que los estudiantes usen la vista, el tacto e incluso el olfato para explorar y describir propiedades y características.
- **Experimentos manipulativos.** Realizar experimentos sencillos implica la acción física sobre materiales y sustancias, lo que vincula la experiencia táctil y visual con la comprensión de conceptos científicos.
- **Recursos gráficos, impresos, interactivos y audiovisuales.** Imágenes, vídeos, infografías, diagramas, juegos de mesa y animaciones son herramientas que complementan la experiencia sensorial y facilitan la representación mental de fenómenos que no se pueden observar de forma directa (Mayer, 2005).
- **Actividades kinestésicas.** Juegos, dramatizaciones y simulaciones corporales apoyan el aprendizaje mediante el movimiento, lo que ayuda a interiorizar conceptos relacionados con ciclos naturales, hábitos saludables o sistemas del cuerpo humano.

Figura 4.1. Enseñanza multisensorial para el aprendizaje de Ciencias Naturales

OBSERVACIÓN DIRECTA

EXPERIMENTOS

RECURSOS AUDIOVISUALES Y GRÁFICOS

ACTIVIDADES KINESTÉSICAS

Fuente: Elaboración propia

La enseñanza de las Ciencias Naturales desde un enfoque multisensorial permite que el alumnado experimente, observe, represente y actúe sobre los fenómenos científicos de manera activa. Al integrar la observación directa, los experimentos, los recursos audiovisuales y las actividades kinestésicas, se potencia un aprendizaje más significativo, creativo y duradero, en el que cada estudiante encuentra diversas formas de conectar con el conocimiento y construir su comprensión del mundo natural.

La *enseñanza multisensorial* responde a la diversidad de necesidades y a los diferentes estilos y ritmos de aprendizaje que se hallan presentes en las aulas de Educación Primaria. Adaptar las estrategias para involucrar distintos sentidos facilita la participación y el éxito educativo de todo el alumnado, incluyendo aquel con necesidades educativas especiales (NEE). Además, esta metodología potencia la motivación y el interés hacia las Ciencias Naturales, al hacer el aprendizaje más dinámico y cercano a la experiencia cotidiana de los niños y niñas. El empleo de múltiples canales sensoriales también contribuye a mejorar la retención y la transferencia de conocimientos. Para integrar de forma eficaz la enseñanza multisensorial en la Didáctica de las Ciencias Naturales, el docente debe:

- Diseñar actividades que combinen diferentes tipos de estímulos sensoriales sin sobrecargar al alumnado.
- Garantizar la seguridad en actividades experimentales y el manejo de materiales didácticos.
- Adaptar recursos y materiales didácticos a las características y necesidades del alumnado.
- Fomentar la reflexión y la verbalización posterior a la experiencia multisensorial para consolidar el aprendizaje.

La enseñanza multisensorial, además de favorecer la comprensión de los contenidos científicos, contribuye al desarrollo integral del alumnado, estimulando aspectos cognitivos, emocionales y sociales. La activación de diferentes sentidos permite que los estudiantes se involucren de manera más profunda en las experiencias de aprendizaje, de modo que aumenta la atención, la concentración y la capacidad de observación crítica. Asimismo, al relacionar los estímulos sensoriales con experiencias y conocimientos previos, se refuerza la construcción de esquemas mentales complejos y la capacidad de aplicar lo aprendido en contextos diversos.

Otro aspecto relevante es que la enseñanza multisensorial potencia la inclusión educativa, ya que facilita la participación de estudiantes con distintas capacidades y estilos de aprendizaje. Por ejemplo, los alumnos con dificultades visuales pueden beneficiarse de recursos táctiles y auditivos; los que presentan limitaciones auditivas, de materiales visuales o kinestésicos; y aquellos con necesidades de atención especial pueden involucrarse mediante actividades manipulativas y movimiento corporal. De esta manera, se asegura que todos los estudiantes accedan a los contenidos de Ciencias Naturales y desarrollen competencias científicas y habilidades transversales en un entorno equitativo y motivador.

La incorporación de la enseñanza multisensorial también favorece la autonomía y la creatividad del alumnado. Al permitir que los estudiantes elijan entre diferentes formas de explorar, representar y expresar sus aprendizajes, se fomenta la toma de decisiones, la iniciativa y la experimentación. Esto genera un aprendizaje más activo y participativo, en el que los alumnos construyen sus conocimientos de manera personal, pero también colaborativa, al compartir experiencias, comparar observaciones y resolver problemas de forma conjunta.

Desde la perspectiva docente, la implementación efectiva de esta metodología requiere una planificación cuidadosa y flexible, que combine diferentes estímulos sensoriales de manera equilibrada y coherente con los objetivos de aprendizaje. Es necesario evaluar de forma continua cómo responden los estudiantes a las actividades multisensoriales, ajustando los materiales, la duración de las experiencias y los niveles de complejidad según las necesidades individuales y grupales. Asimismo, la formación inicial y continua del profesorado debe incluir estrategias para integrar la multisensorialidad en la enseñanza de las Ciencias Naturales, lo que fomenta competencias didácticas innovadoras y sensibles a la diversidad del alumnado.

En síntesis, la enseñanza multisensorial no solo amplía las vías de acceso al conocimiento científico, sino que también fortalece la motivación, la participación y la comprensión profunda de los fenómenos naturales. Al integrar estímulos visuales, auditivos, táctiles y kinestésicos, se genera un entorno de aprendizaje inclusivo y estimulante, que responde a la diversidad del alumnado y contribuye a una educación científica de calidad, capaz de despertar la curiosidad, el pensamiento crítico y la creatividad desde los primeros niveles de Educación Primaria.

4.2. Evaluación formativa y auténtica en Ciencias Naturales

La *evaluación* constituye un componente esencial del proceso educativo, no solo para medir resultados, sino también para orientar y mejorar el aprendizaje. En la enseñanza de las Ciencias Naturales en Educación Primaria, la evaluación formativa y auténtica se posiciona como una herramienta fundamental para favorecer un aprendizaje significativo, pues se adapta a la diversidad y se orienta al desarrollo de competencias científicas. La evaluación formativa puede definirse como *un proceso continuo y sistemático que permite recopilar información durante el desarrollo del aprendizaje, con el propósito de retroalimentar tanto al estudiante como al docente.* A diferencia de la evaluación sumativa, que mide lo aprendido al final de un periodo, la evaluación formativa actúa como guía para mejorar estrategias, corregir errores y potenciar fortalezas.

En Ciencias Naturales, este tipo de evaluación es fundamental para detectar dificultades conceptuales, promover la reflexión crítica y adaptar la enseñanza a las necesidades individuales (Sadler, 1989). Implica la utilización de diversas técnicas y herramientas que promuevan la participación activa del alumnado, como preguntas abiertas, debates, autoevaluaciones y portafolios. En concreto, va más allá de los exámenes tradicionales, y busca valorar el aprendizaje mediante tareas y actividades que reflejan situaciones reales y prácticas del entorno del alumnado. Esto conlleva la realización de proyectos, experimentos, estudios de campo o presentaciones orales que permitan evidenciar el dominio de habilidades científicas y la aplicación del conocimiento. Esta modalidad de evaluación fomenta la consecución de las competencias clave, donde se hallan la competencia STEAM o la competencia en conciencia y expresión culturales, esenciales para el desarrollo científico.

Además, contribuyen a una valoración más integral del alumnado, que incluye aspectos actitudinales y procedimentales. La combinación de evaluación formativa y auténtica ofrece una visión amplia y dinámica del aprendizaje científico, y permite al docente ajustar su práctica y al estudiante tomar conciencia de su progreso. Para ello, es necesario utilizar procedimientos e instrumentos de evaluación diversos, tales como:

- **Observación (rúbricas claras y participativas).** Criterios compartidos con el alumnado para evaluar proyectos, experimentos y exposiciones.
- **Análisis de avance (portafolios de aprendizaje).** Recopilación de trabajos, reflexiones y evidencias que muestran el proceso y los logros del estudiante.
- **Observación (diarios de campo y registros).** Herramientas que fomentan la observación sistemática y la reflexión sobre experiencias científicas.
- **Pruebas orales (registros).** Preguntas abiertas durante la clase que estimulan el pensamiento y la retroalimentación constructiva.

Asimismo, es necesario implicar a los diferentes agentes en la evaluación del aprendizaje. Es decir, la heteroevaluación (docente), autoevaluación (propia alumno o alumna) y coevaluación (entre compañeros y compañeras). Para ello, se han de incluir procedimientos e instrumentos diversos, de modo que permitan una evaluación continuada y formativa para incluir mejoras en el aprendizaje. En otro sentido, la evaluación continuada de la práctica docente ha de favorecer la reflexión sobre la puesta en práctica de todos los elementos curriculares para garantizar un aprendizaje de calidad.

La *evaluación formativa y auténtica* mejora la motivación y la implicación del alumnado, genera un aprendizaje más profundo y contribuye a la equidad educativa al adaptarse a las diferencias individuales. Para ello, es necesario que la evaluación formativa sea global, continua, diferenciada, objetiva y competencial. Sin embargo, su implementación requiere tiempo, formación docente y una cultura escolar que valore el proceso por encima del resultado final. Es importante que los centros educativos apoyen a los docentes con recursos, formación y espacios para el intercambio de buenas prácticas, y se facilite la transición hacia modelos evaluativos más inclusivos y eficaces que favorezcan un aprendizaje competencial en Ciencias Naturales y, consigo, garanticen una educación de calidad en la etapa educativa de la Educación Primaria.

La evaluación formativa y auténtica no solo permite identificar dificultades y fortalezas en el aprendizaje de los estudiantes, sino que también fomenta la metacognición, es decir, la capacidad del alumnado de reflexionar sobre su propio proceso de aprendizaje. Esta reflexión es sobre todo relevante en Ciencias Naturales, donde comprender fenómenos complejos requiere no solo memorizar conceptos, sino analizar, interpretar datos y relacionar causas y efectos. Asimismo, este tipo de evaluación facilita la personalización de la enseñanza. Al disponer de información continua sobre el progreso de cada estudiante, el docente puede diseñar actividades ajustadas a los distintos niveles de comprensión, estilos de aprendizaje y ritmos individuales, lo que asegura que todos alcancen los objetivos curriculares de manera efectiva. Por ejemplo, un estudiante que presenta dificultades para comprender un concepto científico puede recibir apoyos específicos mediante experimentos guiados o recursos visuales complementarios, mientras que otro que muestra un mayor dominio puede profundizar en investigaciones más complejas o proyectos de extensión.

El enfoque auténtico en la evaluación también promueve la conexión entre el aprendizaje y la vida cotidiana del alumnado. Al valorar tareas contextualizadas, como la observación de ecosistemas locales, la realización de experimentos sencillos en casa o la elaboración de maquetas y modelos, se refuerza la relevancia del conocimiento científico y se potencia la transferencia de aprendizajes a situaciones reales. De esta manera, los estudiantes desarrollan habilidades prácticas, pensamiento crítico y competencia para la resolución de problemas, elementos esenciales de la educación científica en la Educación Primaria. Además, la evaluación formativa fomenta la colaboración y la responsabilidad compartida en el aprendizaje. Mediante la coevaluación y la autoevaluación, los estudiantes aprenden a dar y recibir retroalimentación, identificar criterios de calidad y reflexionar sobre sus progresos y dificultades. Esta práctica fortalece la autonomía, la autoconfianza y la capacidad de trabajo en equipo, lo que promueve valores fundamentales para la convivencia escolar y la participación activa en la comunidad educativa.

En síntesis, la implementación de la evaluación formativa y auténtica requiere del docente una planificación cuidadosa y flexible, así como una cultura escolar que valore la mejora continua. Esto implica dedicar tiempo a diseñar instrumentos y criterios claros, analizar resultados y ajustar estrategias pedagógicas de manera constante. Los centros educativos desempeñan un papel clave al proporcionar formación, recursos y espacios de colaboración entre docentes, lo que favorece la consolidación de prácticas evaluativas que aseguren un aprendizaje profundo, inclusivo y competencial en Ciencias Naturales. La evaluación formativa y auténtica constituye un pilar para garantizar la calidad educativa en la Educación Primaria y promueve el aprendizaje activo, la equidad, la motivación y el desarrollo integral del alumnado, al mismo tiempo que fortalece la práctica docente y la capacidad de los centros educativos para responder a la diversidad y complejidad del proceso de enseñanza-aprendizaje.

4.3. Inclusión educativa en el aula de ciencias

La *inclusión educativa* en el aula de ciencias constituye un eje central en la construcción de entornos de aprendizaje equitativos, accesibles y enriquecedores para todo el estudiantado, sin distinción por condición física, sensorial, cognitiva, emocional, social o cultural. Este enfoque se fundamenta en el principio de justicia educativa, el cual promueve que todo el alumnado reciba no solo el mismo trato, sino también las condiciones necesarias para alcanzar su potencial en igualdad de oportunidades.

Enseñar ciencias desde una perspectiva inclusiva implica eliminar barreras para el aprendizaje y la participación, pero también diseñar propuestas pedagógicas que reconozcan la diversidad como un valor y permitan a cada estudiante participar, contribuir y progresar de forma significativa. Esto resulta importante en la enseñanza de las ciencias, donde los métodos tradicionales (basados en clases expositivas, prácticas estandarizadas y evaluaciones cerradas) pueden excluir a estudiantes con distintas formas de aprender, comunicar o interactuar con el entorno, mediante enfoques multiniveles que permitan dar respuesta a sus necesidades educativas. A su vez, es necesario eliminar cualquier barrera que se le imponga al alumnado desde el contexto para garantizar una educación de calidad. Esto supone potenciar la accesibilidad física, cognitiva, emocional y sensorial.

Una de las herramientas más potentes para lograr aulas inclusivas en ciencias es el DUA, un marco pedagógico desarrollado por el *Center for Applied Special Technology* (CAST) que propone planificar la enseñanza desde su diseño inicial para atender a la variabilidad del alumnado (CAST, 2018). A diferencia de las adaptaciones reactivas, el DUA promueve una planificación proactiva e intencional, que anticipe la diversidad como una norma, no como una excepción.

- **Proporcionar diversas formas de representar la información (el qué del aprendizaje).** Ofrecer distintos formatos y medios para que el alumnado acceda al contenido (visual, auditivo, táctil, simbólico, etc.). Los ejemplos incluyen textos, gráficos, vídeos, audios, resúmenes visuales y materiales manipulativos.
- **Ofrecer diversas maneras de acción y expresión (el cómo del aprendizaje).** Permitir que el alumnado exprese lo que sabe o ha aprendido de distintas maneras (escrita, oral, manipulativa, tecnológica, etc.). Es decir, entre las

posibilidades están proyectos escritos, presentaciones orales, experimentos, videos o mapas conceptuales.
- **Garantizar múltiples maneras de compromiso (el porqué del aprendizaje).** Fomentar la motivación, el interés y el compromiso desde distintas fuentes y estrategias. Esto puede lograrse mediante tareas con opciones de elección, proyectos colaborativos, juegos educativos o retroalimentación personalizada.

En el aula de ciencias, estos principios se concretan en la utilización de materiales didácticos multimodales (vídeos, gráficos, modelos 3D, laboratorios virtuales), estrategias participativas (trabajo cooperativo, PBL) y sistemas de evaluación flexibles (rúbricas, portafolios, autoevaluación). Por ejemplo, un estudiante con dislexia puede beneficiarse de un vídeo explicativo en lugar de un texto denso, mientras que otro con TDAH puede tener opciones para elegir entre realizar un experimento práctico o una simulación digital guiada.

Echeita (2021) sostiene que el DUA favorece una «transformación del currículo» que no solo mejora el acceso, sino que incrementa el sentido de pertenencia de todo el alumnado. Investigaciones como la de Rao *et al.* (2017) evidencian que la aplicación del DUA en contextos STEM mejora el rendimiento académico, la participación y la autorregulación de estudiantes con y sin discapacidad. En otro sentido, los ajustes razonables son medidas personalizadas y necesarias para garantizar que el alumnado con NEAE participe de manera equitativa en el proceso educativo, de acuerdo con sus necesidades individuales. Estas modificaciones pueden afectar los contenidos, el tiempo, el entorno, las estrategias didácticas o los sistemas de evaluación, siempre y cuando no representen una carga desproporcionada para el centro educativo (ONU, 2006; Real Decreto Legislativo 1/2013, de 29 de noviembre, por el que se aprueba el Texto Refundido de la Ley General de derechos de las personas con discapacidad y de su inclusión social). En el área de ciencias, los ajustes razonables adquieren particular relevancia, dada la frecuencia con la que se trabaja con equipamiento, lenguaje técnico y actividades experimentales. Algunos ejemplos incluyen:

- Ampliación del tiempo en prácticas y evaluaciones, en especial para alumnos y alumnas con dificultades motrices o de procesamiento.
- Adaptación de materiales visuales (uso de tipografías legibles, contraste de colores, pictogramas).
- Uso de SAAC (sistemas aumentativos y alternativos de comunicación) para facilitar la comprensión y expresión.
- Modificación de instrumentos de laboratorio, como pipetas con mango ergonómico o lupas digitales para alumnado con visión reducida.

La clave de estos ajustes no radica en reducir el nivel de exigencia, sino en diversificar los medios para que todo el alumnado pueda llegar a los objetivos del currículo. Además, estos ajustes deben realizarse en colaboración con el equipo docente, los servicios de orientación educativa y las familias, dentro del marco del Proyecto Educativo de Centro, el Plan de Atención a la Diversidad y el Plan de Orientación y Acción Tutorial, documentos incluidos en el Plan de Centro.

Es importante recordar que, según la Unesco (2020), la provisión de ajustes razonables responde tanto a un imperativo legal y ético como también a la mejora de la calidad educativa para toda la comunidad escolar. El uso de tecnologías de asistencia es un recurso clave para desarrollar la participación activa y el aprendizaje significativo del alumnado con discapacidad en el aula de ciencias (Castillo *et al.*, 2025). Estas tecnologías, tal como las define la Unesco (2009), son *cualquier dispositivo, equipo, herramienta o sistema que mejora las capacidades funcionales de personas con discapacidad.* En entornos científicos, estas tecnologías cumplen una doble función: eliminan barreras de acceso y fomentan la autonomía del alumnado. Entre las más relevantes en el contexto de la enseñanza de ciencias se encuentran:

- Lectores de pantalla (como JAWS o NVDA), útiles para estudiantes con discapacidad visual que necesitan acceder a textos digitales o datos experimentales.
- Microscopios digitales, que permiten la proyección de imágenes en pantallas grandes y su control mediante teclado, lo que facilita su uso por parte de alumnos o alumnas con dificultades motrices.
- Simuladores virtuales (como PhET, Labster o Molecular Workbench), que recrean experimentos físicos, químicos o biológicos de forma segura y adaptable.
- Tabletas con aplicaciones científicas accesibles, que permiten la manipulación táctil, el control por voz o el uso de dispositivos adaptados (como punteros o pulsadores).

Estudios previos han confirmado que la integración de tecnología adaptativa, cuando se combina con un enfoque pedagógico centrado en el DUA, mejora la motivación, la comprensión conceptual y la autoestima del alumnado con discapacidad (Okolo y Diedrich, 2014). Por tanto, estas tecnologías no solo benefician al alumnado con discapacidad: muchas se consideran herramientas de accesibilidad universal, que favorecen también a quienes tienen estilos de aprendizaje diferentes (Soriano-Sánchez *et al.*, 2023).

La inclusión educativa en el aula de ciencias, además de atender a la diversidad funcional o de aprendizaje, promueve un entorno que valora la diversidad cultural, lingüística y socioemocional del alumnado. Reconocer las diferencias individuales como una fuente de riqueza permite que los estudiantes se sientan respetados y reconocidos, con lo que se fortalece su sentido de pertenencia y la motivación por aprender. En este sentido, un enfoque inclusivo no solo elimina barreras físicas o cognitivas, sino que también fomenta la equidad social y emocional dentro del aula. Otra dimensión clave de la inclusión en ciencias es la colaboración docente. La codocencia, entendida como la planificación y ejecución conjunta de clases entre docentes de aula ordinaria y especialistas en necesidades educativas, permite adaptar las estrategias pedagógicas de manera más efectiva. Esta práctica facilita la atención personalizada, la implementación de ajustes razonables y el seguimiento continuo del progreso del alumnado, lo que asegura que cada estudiante participe de forma activa en el aprendizaje científico.

El uso de recursos multimodales y multisensoriales, en combinación con estrategias inclusivas, potencia la comprensión de conceptos complejos y la participación activa de todos los estudiantes. Por ejemplo, un experimento sobre el ciclo del agua puede apoyarse en modelos físicos, vídeos interactivos, simulaciones digitales y actividades kinestésicas, de manera que cada alumno experimenta y representa el fenómeno según sus capacidades y preferencias de aprendizaje. Esta diversidad de estímulos también favorece la retención de conocimientos, la creatividad y el pensamiento crítico.

La evaluación inclusiva constituye otro pilar esencial. La utilización de rúbricas flexibles, portafolios de evidencias y sistemas de coevaluación permite que todos los estudiantes demuestren su aprendizaje de diferentes maneras, con respeto a sus necesidades individuales. De esta forma, la evaluación no se limita a medir resultados, sino que se convierte en un proceso formativo y motivador, que retroalimenta tanto al alumnado como al profesorado y guía la mejora continua de la práctica docente. Por último, la inclusión educativa en ciencias debe contemplar la formación continua del profesorado, la sensibilización hacia la diversidad y la integración de las familias en el proceso educativo. La implicación de la comunidad educativa es fundamental para crear aulas verdaderamente inclusivas, donde se combine el uso de tecnologías asistivas, metodologías activas y estrategias DUA, garantizando un aprendizaje científico de calidad, equitativo y significativo para todo el alumnado.

En síntesis, un aula de ciencias inclusiva no solo se centra en eliminar barreras o aplicar ajustes razonables, sino que promueve una cultura escolar basada en la diversidad como valor, la participación de todos los estudiantes, el uso de recursos multimodales y la colaboración docente-familia. Este enfoque integral garantiza que cada estudiante pueda desarrollar competencias científicas, habilidades sociales y autonomía, lo que consolida una educación de calidad en la Educación Primaria.

4.4. Retroalimentación y metacognición

En el marco de una enseñanza de las ciencias que sea inclusiva, equitativa y centrada en el aprendizaje significativo, la retroalimentación efectiva y el fomento de la metacognición constituyen pilares clave para incentivar la autonomía y la autorregulación del alumnado. Ambos procesos están muy relacionados con la evaluación formativa y el desarrollo de competencias científicas complejas como la resolución de problemas, el razonamiento lógico, la interpretación de datos y la argumentación basada en la evidencia.

La *retroalimentación* es un recurso pedagógico fundamental para mejorar el aprendizaje, siempre que sea oportuna, específica, comprensible y orientada al progreso. En el contexto de las ciencias naturales, donde el error forma parte del proceso experimental y de construcción del conocimiento, una retroalimentación eficaz no solo corrige, sino que guía y acompaña al estudiante en la mejora continua. En este sentido, se hace necesario identificar tres preguntas clave que debe responder una retroalimentación de calidad:

- ¿Qué estoy tratando de lograr? (Metas u objetivos).
- ¿Qué progreso estoy haciendo hacia ese objetivo?
- ¿Qué pasos debo seguir a continuación?

En el aula de ciencias, esto se traduce en:

- Comentarios personalizados sobre informes de laboratorio.
- Devoluciones orales durante experimentos o prácticas.
- Autoevaluaciones y coevaluaciones estructuradas.
- Uso de rúbricas claras para actividades experimentales, argumentativas o de investigación.

Además, la *retroalimentación* debe tener un carácter dialógico, es decir, propiciar el intercambio entre docente y estudiante, y entre pares, para construir de forma conjunta el significado del error y el camino hacia la mejora. Por otro lado, la metacognición se define como la capacidad de pensar sobre el propio pensamiento, planificar, supervisar, evaluar y regular los propios procesos de aprendizaje. En la enseñanza de las ciencias, esta competencia es esencial para que el alumnado comprenda no solo los contenidos, sino también cómo aprenden, por qué se equivocan y cómo pueden mejorar su comprensión científica.

Fomentar la *metacognición* en el aula de ciencias ayuda a desarrollar un pensamiento crítico más profundo y mejora la capacidad del alumnado para abordar problemas complejos e inciertos. Asimismo, la metacognición promueve una mayor motivación intrínseca, ya que el alumnado se siente más capaz de dirigir su propio proceso de aprendizaje. Las estrategias didácticas para fomentar la metacognición en ciencias incluyen:

- Diarios de aprendizaje o bitácoras científicas.
- Rúbricas de autoevaluación con criterios explícitos.
- Andamiajes para la formulación de hipótesis y conclusiones.
- Preguntas metacognitivas («¿Qué he aprendido?». «¿Qué me ha resultado difícil y por qué?». «¿Cómo podría mejorar mi enfoque?»).

Por último, los programas educativos que incorporan de manera sistemática estrategias metacognitivas logran mejoras sostenidas en la comprensión conceptual y en el rendimiento en pruebas científicas, en especial en alumnado con mayores dificultades de aprendizaje (Schraw et al., 2006). La relación entre retroalimentación y metacognición es bidireccional: una retroalimentación bien orientada promueve procesos metacognitivos, y una mayor conciencia metacognitiva permite que el estudiante utilice mejor la retroalimentación que recibe; de ahí la necesidad de integrar ambas estrategias dentro de una evaluación formativa coherente y continuada. En contextos inclusivos, fomentar la metacognición es también una estrategia de empoderamiento para el alumnado con necesidades específicas, ya que les ayuda a identificar sus fortalezas, establecer metas realistas y construir un sentido positivo de autoeficacia. Por tanto, promover una cultura de aula que valore el pensamiento reflexivo, el error como oportunidad, la evaluación compartida y la autonomía del estudiante no solo contribuye a una educación científica inclusiva y transformadora, sino que adquiere especial relevancia en la FIP, preparando a los futuros docentes para implementar prácticas pedagógicas equitativas y de calidad.

La retroalimentación y la metacognición también contribuyen a la creación de un clima de aula seguro y estimulante, donde el error se percibe como una oportunidad de aprendizaje y no como un fracaso. Este enfoque permite que el alumnado desarrolle resiliencia, confianza en sus capacidades y disposición para asumir riesgos cognitivos, elementos esenciales en la investigación científica y en la resolución de problemas complejos.

Una práctica efectiva consiste en combinar la retroalimentación inmediata durante actividades experimentales con sesiones de reflexión posterior. Por ejemplo, tras un experimento sobre reacciones químicas, el docente puede realizar una devolución oral señalando los aciertos y errores, mientras que con posterioridad los estudiantes registran en sus bitácoras los resultados, reflexionan sobre los procedimientos utilizados y proponen mejoras para futuras experiencias. Este ciclo fortalece tanto el aprendizaje conceptual como las habilidades de autorregulación y planificación.

El uso de preguntas metacognitivas estructuradas fomenta que el alumnado analice sus procesos de aprendizaje de manera sistemática. Preguntas como «¿Qué estrategias utilicé para resolver este problema?», «¿qué información necesito recopilar antes de mi próxima investigación?» o «¿cómo puedo aplicar este conocimiento en un contexto distinto?» promueven un pensamiento científico crítico y flexible. Además, estas reflexiones pueden compartirse en discusiones grupales, lo que enriquece el aprendizaje colaborativo y genera una cultura de diálogo y análisis compartido.

La integración de herramientas tecnológicas facilita tanto la retroalimentación como el desarrollo de la metacognición. Plataformas digitales, aplicaciones de seguimiento de aprendizajes y entornos de laboratorio virtual permiten registrar el progreso individual, recibir comentarios inmediatos y reflexionar sobre decisiones y errores. Esto resulta muy útil para alumnado con necesidades educativas específicas, ya que ofrece múltiples vías de representación y expresión, alineadas con los principios del DUA. Asimismo, fomentar la metacognición prepara al alumnado para la vida fuera del aula, pues desarrolla habilidades de autoevaluación, planificación, resolución de problemas y aprendizaje autónomo que serán esenciales a lo largo de toda su trayectoria académica y personal. La práctica constante de la retroalimentación y la reflexión metacognitiva contribuye a formar estudiantes conscientes de sus procesos cognitivos, capaces de transferir estrategias de aprendizaje a diferentes contextos y de enfrentarse con éxito a situaciones nuevas o complejas.

En definitiva, integrar la retroalimentación efectiva y el fomento de la metacognición en la enseñanza de las Ciencias Naturales no solo optimiza el aprendizaje de contenidos y competencias científicas, sino que también fortalece la autonomía, la autorregulación y la motivación del alumnado. En el marco de la FIP, estas prácticas son esenciales para preparar docentes capaces de diseñar aulas inclusivas, equitativas y centradas en el aprendizaje significativo, lo que promueve una educación científica de calidad y un desarrollo integral de todos los estudiantes.

5. Conclusiones, recomendaciones y reflexiones

5.1. Conclusiones

La enseñanza de las Ciencias Naturales en la Educación Primaria es un proceso complejo y dinámico que requiere una reflexión profunda sobre las estrategias metodológicas que faciliten un aprendizaje auténtico, significativo y adaptado a la diversidad del alumnado. A lo largo de este libro, se ha evidenciado que la Didáctica de las Ciencias no puede concebirse como una mera transmisión de contenidos, sino como un espacio donde se construye el conocimiento a partir de la experiencia, la interacción y la indagación activa.

Los fundamentos pedagógicos y los modelos internacionales revisados en el primer capítulo establecen que la ciencia debe enseñarse mediante enfoques que promuevan la curiosidad, el pensamiento crítico y la resolución de problemas. Así, las metodologías activas como el IBL, los proyectos, la gamificación o el enfoque STEAM son herramientas imprescindibles para despertar el interés del alumnado y fomentar competencias científicas que trascienden el aula. El papel del docente se configura como el de un facilitador, mediador y diseñador de experiencias significativas que combinan la teoría con la práctica. Las estrategias lúdicas, las prácticas en laboratorio, las salidas pedagógicas y el trabajo interdisciplinar enriquecen la enseñanza y la conectan con la realidad cotidiana y los múltiples saberes que integran el currículo escolar.

El reconocimiento de las diferencias individuales y el empleo del DUA asegura que todo el alumnado tenga acceso a un aprendizaje inclusivo y personalizado, mientras que una evaluación coherente con estas estrategias proporciona información valiosa para la mejora continua del proceso educativo. Asimismo, la innovación metodológica en la Didáctica de las Ciencias Naturales no es un fin en sí mismo, sino un medio para alcanzar una educación científica de calidad que forme ciudadanos que sean competentes, comprometidos y críticos con el mundo que les rodea. La integración de enfoques constructivistas, la inclusión de actividades prácticas y multisensoriales, y la valoración constante del aprendizaje a través de evaluaciones formativas auténticas constituyen un marco imprescindible para transformar la enseñanza de las ciencias en primaria.

5.2. Recomendaciones

En primer lugar, se recomienda a los profesionales de la educación que adopten un enfoque flexible y diversificado que combine metodologías activas con estrategias inclusivas. Asimismo, se sugiere a los responsables de políticas educativas que promuevan programas de formación docente continua que fortalezcan la innovación pedagógica para responder a las demandas de la sociedad actual y favorecer una educación de calidad.

Por otro lado, es importante que futuras investigaciones y programas de formación docente en Ciencias Naturales para Educación Primaria se enfoquen en dos áreas prioritarias. En primer lugar, proporcionar al profesorado en formación experiencias directas en contextos educativos reales, lo que les permitirá aplicar los conocimientos adquiridos, evaluar su pertinencia y adaptar sus estrategias pedagógicas a situaciones concretas del aula. En segundo lugar, profundizar en la formación de formadores de docentes, examinando cómo sus concepciones sobre competencias digitales y metodologías activas influyen en los procesos educativos. La participación activa de estos formadores resulta clave para garantizar que la preparación de los futuros maestros sea continua, práctica y de alta calidad.

5.3. Reflexiones

La presente obra propone una transformación en la enseñanza de las Ciencias Naturales que ponga en el centro la curiosidad innata de los niños y niñas. Se parte de una mirada activa, lúdica y contextual, que reconoce que el conocimiento no se impone, sino que se construye a partir de la experiencia, el asombro y el deseo de comprender el mundo. Esta propuesta está dirigida al alumnado del Grado de Educación Primaria, con el objetivo de acompañarle en el camino hacia una docencia más viva, creativa y comprometida.

En el sentido anterior, no se trata de memorizar definiciones o clasificaciones científicas, sino de formar personas capaces de observar con atención, de preguntarse el porqué de las cosas, de investigar con sentido y construir sus propias explicaciones. Se apuesta por metodologías activas como el IBL, el ABP o la gamificación, que fomentan la autonomía, la creatividad, el pensamiento crítico y, sobre todo, el placer de aprender al motivar al PFI, ya que responden a las necesidades de un alumnado diverso, a los retos de una sociedad en constante transformación y a la exigencia de una educación inclusiva y significativa. En definitiva, se pretende formar docentes capaces de generar experiencias de aprendizaje que despierten la curiosidad, favorezcan la cooperación y sitúen la ciencia como una herramienta para comprender y transformar la realidad de manera ética y sostenible.

La creación de este material didáctico ha sido tanto un reto como una oportunidad de aprendizaje. Enfrentar la complejidad de vincular inclusión y enseñanza de las ciencias me ha permitido reconocer la necesidad de construir puentes entre la teoría y la práctica, así como la importancia que posee el compromiso docente en la transformación educativa. La experiencia reafirma mi convicción de que la enseñanza de las ciencias no debe limitarse a transmitir contenidos, sino a generar experiencias que despierten la curiosidad, la creatividad y la participación de todo el alumnado.

En la formación de futuros docentes de Educación Primaria, la enseñanza de las Ciencias Naturales está experimentando un cambio profundo, orientándose hacia metodologías activas, la alfabetización científica y la conciencia ambiental. Cada vez más, la práctica docente se centra en la indagación, la reflexión crítica y la integración interdisciplinaria, lo que permite que el alumnado comprenda los fenómenos naturales desde múltiples perspectivas. Este enfoque no solo fortalece las competencias científicas del alumnado, sino que también prepara a los maestros y maestras para adaptar su enseñanza a las necesidades de cada estudiante, lo que fomenta un aprendizaje más significativo, participativo y conectado con los retos del mundo contemporáneo.

La motivación constituye un elemento clave para incentivar y mantener el interés por aprender. Su relación con el aprendizaje se sustenta en distintos enfoques pedagógicos y psicológicos, donde se destaca la importancia de la participación activa del alumnado para lograr aprendizajes más significativos. Asimismo, se entiende que la motivación influye de forma directa en el compromiso y el rendimiento académico, y genera un impacto positivo en todo el proceso de aprendizaje. En este sentido, la implementación del ABP es valorada de manera muy positiva por el alumnado, dada su eficacia en el desarrollo de competencias.

La FIP en Ciencias Naturales para Educación Primaria se encuentra en un momento clave, donde la calidad educativa exige combinar conocimiento científico, metodologías activas y reflexión pedagógica. Integrar la indagación, la interdisciplinariedad y la evaluación formativa permite que los futuros docentes no solo comprendan los contenidos, sino que sean capaces de transmitirlos de manera significativa y se incentive la curiosidad, el pensamiento crítico y la conciencia ambiental en su alumnado. Así, se construye un modelo de enseñanza capaz de preparar a las nuevas generaciones para comprender y afrontar los desafíos del siglo XXI, consolidando una educación de calidad que conecta el aprendizaje con la realidad y las necesidades de la sociedad. Es decir, un modelo ideal es aquel que forma docentes capaces de enseñar Ciencias Naturales de manera activa, contextualizada, reflexiva y evaluativa, e incentiva en los alumnos la curiosidad, el pensamiento crítico y la conciencia ambiental, y conecta el aprendizaje con la realidad del siglo XXI.

La aplicación consciente y reflexiva de estas estrategias metodológicas contribuirá a superar los retos de la educación contemporánea y promoverá una ciencia viva y accesible para todo el alumnado, capaz de estimular su creatividad, curiosidad y capacidad para comprender y actuar de manera activa sobre su entorno. Esta visión integral y flexible debe ser el horizonte que guíe a docentes, instituciones y responsables educativos hacia una enseñanza del medio natural que responda a las necesidades de una sociedad en constante cambio, para garantizar una educación verdaderamente inclusiva basada en un aprendizaje competencial y de calidad en Educación Primaria. En este contexto, el presente libro adquiere una relevancia significativa al ofrecer orientaciones teóricas y prácticas que fortalecen la FIP del Grado de Educación Primaria, al dotarlo de herramientas actualizadas y enfoques pedagógicos innovadores que le permitan transformar su práctica docente y responder con eficacia a los desafíos del aula y del entorno educativo actual. Por tanto, enseñar Ciencias Naturales desde edades tempranas es mucho más que transmitir contenidos: es sembrar el amor por el conocimiento, despertar la curiosidad y formar a una ciudadanía crítica, sensible y comprometida con su entorno.

Por último, en la figura 5.1 se representa una composición poética que resume, en clave metafórica, el sentido y la responsabilidad de ser un buen maestro y maestra de Educación Primaria en la enseñanza de las Ciencias Naturales. Sirve como cierre inspirador y refuerzo de la dimensión ética, humana y creativa que acompaña a la labor docente.

Figura 5.1. El arte de enseñar Ciencias Naturales

No es solo explicar teorías,
es abrir ventanas al asombro,
sembrar preguntas en lugar
de certezas.

Es guiar con paciencia y pasión,
personalizar el proceso de aprendizaje,
mostrar que la ciencia es puente
a la curiosidad y al despertar de los sentidos,
tejer conocimiento entre la mente que indaga,
la experimentación que construye
y el corazón que se maravilla.

Ser un buen docente es encender faros:
Para que la ciencia no sea solo estudio,
sino descubrimiento;
no solo dato, sino asombro;
no solo memoria, sino curiosidad;
no solo respuestas, sino preguntas que iluminan caminos.

Fuente: Elaboración propia

Bibliografía

ACARA (2019). *The Australian Curriculum: Science*. Australian Curriculum. Assessment and Reporting Authority. https://www.australiancurriculum.edu.au/f-10-curriculum/science/

Aguilera, D. (2018). La salida de campo como recurso didáctico para enseñar ciencias. Una revisión sistemática. *Revista Eureka sobre Enseñanza y Divulgación de las Ciencias, 15*(3), 3103. https://doi.org/10.25267/Rev_Eureka_ensen_divulg_cienc.2018.v15.i3.3103

Ainscow, M. (2025). *Un giro inclusivo a la equidad*. Apeiron Ediciones.

Alonso, R. E., Barrionuevo, M. T., Muñoz, T. M., y Rosero, A. M. (2025). Metodologías activas como estrategias para fomentar el pensamiento crítico en adolescentes. *RECIMUNDO, 9*(1), 439–450. https://doi.org/10.26820/recimundo/9.(1).enero.2025.439-450

Antúnez, P., Vázquez, J., y López, M. (2010). *Programación y planificación educativa*. McGraw-Hill.

Ausubel, D. P. (2002). *Adquisición y retención del conocimiento: Una perspectiva cognitiva*. Paidós.

Ausubel, D. P., Novak, J. D., & Hanesian, H. (1978). *Educational psychology: A cognitive view*. Holt, Rinehart & Winston.

Bandura, A. (1977). *Social Learning Theory*. Prentice Hall.

Bandura, A. (1997). *Self-efficacy: The exercise of control*. W. H. Freeman.

Beers, S. Z. (2011). *21st Century Skills: Preparing Students for THEIR Future*. STEM Education Coalition.

Bell, T., Urhahne, D., Schanze, S., & Ploetzner, R. (2010). Collaborative inquiry learning: Models, tools, and challenges. *International Journal of Science Education, 32*(3), 349–377. https://doi.org/10.1080/09500690903551594

Beltrán-Garcés, R. D. (2023). Tendencias en estudios sobre didáctica de las ciencias naturales: Una revisión sistemática. Ciencia Latina *Revista Científica Multidisciplinar, 7*(2), 426–441. https://doi.org/10.37811/cl_rcm.v7i2.5307

Binet, A., & Simon, T. (1916). *The development of intelligence in children*. Williams & Wilkins.

Bloom, B. S. (1956). *Taxonomy of Educational Objectives: The Classification of Educational Goals: Handbook I Cognitive Domain*. Longmans.

Blumenfeld, P. C., Soloway, E., Marx, R. W., Krajcik, J. S., Guzdial, M., & Palincsar, A. (1991). Motivating Project-Based Learning: Sustaining the doing, supporting the learning. *Educational Psychologist, 26*(3–4), 369–398. https://doi.org/10.1080/0046 1520.1991.9653139

Borrego, C., Fernández, C., Blanes, I., & Robles, S. (2017). Room escape at class: Escape games activities to facilitate the motivation and learning in computer science. *Journal of Technology and Science Education, 7*(2), 162–171. https://doi.org/10.3926/jotse.247

Bybee, R. W., Taylor, J. A., Gardner, A., Van Scotter, P., Carlson Powell, J., Westbrook, A., & Landes, N. (2006). *The BSCS 5E instructional model: Origins and effectiveness.* BSCS Science Learning.

Camacho-Tamayo, E., y Bernal-Ballén, A. (2024). Educación STEAM como estrategia pedagógica en la formación docente de ciencias naturales: Una revisión sistemática. *Edutec, Revista Electrónica de Tecnología Educativa, 87,* 220-235. https://doi.org/10.21556/edutec.2024.87.2929

Cañal de León, P. (2017). *La enseñanza de las ciencias en educación infantil y primaria.* Graó.

CAST (2018). *Universal Design for Learning Guidelines version 2.2.* CAST. https://udlguidelines.cast.org

Castillo, H. G. C., Ríos, A. E., Ortiz, R. V., Quintero, M. M., y Zúñiga, M. A. F. (2025). *Desarrollo de competencias digitales docentes en la formación inicial de los profesores de ciencias naturales.* Programa Editorial.

Celis, D. C., Ramos, C. I., Reyes, A. V., y Petit, C. O. (2023). Propuesta de secuencia didáctica multisensorial de ciencias naturales en contexto de discapacidad visual: Ciencias para la Ciudadanía. En *Investigación educativa para los nuevos retos de la inclusión* (pp. 143–152). Dykinson.

Chengere, A. M., Bono, B. D., Zinabu, S. A., & Jilo, K. W. (2025). Enhancing secondary school students' science process skills through guided inquiry-based laboratory activities in biology. *PloS One, 20*(4), e0320692. https://doi.org/10.1371/journal.pone.0320692

Consejo de la Unión Europea (2018). *Recomendación del Consejo, de 22 de mayo de 2018, relativa a las competencias clave para el aprendizaje permanente (2018/C 189/01).* Diario Oficial de la Unión Europea. https://eur-lex.europa.eu/legal-content/ES/TXT/?uri=CELEX:32018H0604(01)

Cronbach, L. J. (1949). *Essentials of psychological testing.* Harper.

Deci, E. L., & Ryan, R. M. (1985). *Intrinsic motivation and self-determination in human behavior.* Springer Science y Business Media.

Decreto 101/2023, de 9 de mayo, por el que se establece la ordenación y el currículo de la etapa de Educación Primaria en la Comunidad Autónoma de Andalucía. *Boletín Oficial de la Junta de Andalucía, número 90,* de 15 de mayo. https://www.juntadeandalucia.es/boja/2023/90/2

Dewey, J. (1902/2009). *The child and the curriculum.* University of Chicago Press. (Original work published 1902).

Dewey, J. (1938). *Experience and Education.* Macmillan.

Echeita, G. (2021). *Inclusión educativa: más allá de la integración escolar.* Narcea.

Edelson, D. C., Gordin, D. N., & Pea, R. D. (2011). Addressing the challenges of inquiry-based learning through technology and curriculum design. *Journal of the Learning Sciences, 8*(3-4), 391-450. https://doi.org/10.1080/10508406.1999.9672075

Elizondo, C. (2022). *Neurociencias y diseño universal de aprendizaje.* Octaedro.

Essex, J. (2020). Towards truly inclusive science education: A case study of successful curriculum innovation in a special school. *Support for Learning, 35*(4), 542-558. https://doi.org/10.1111/1467-9604.12332

Ferragutti, S., Astudillo, C., y Pastorino, I. (2020). Innovación educativa y reflexión sobre la Naturaleza de la Ciencia en escenarios de formación de Profesores de Ciencias Naturales. *Revista de Educación en Biología, 23*(2), 18–31. https://doi.org/10.59524/2344-9225.v23.n2.28748

Franco-Mariscal, A. J., Oliva-Martínez, J. M., y Almécija, V. (2020). Escape room como recurso didáctico para trabajar la competencia científica. *Revista Eureka sobre Enseñanza y Divulgación de las Ciencias, 17*(2), 2503. https://doi.org/10.25267/Rev_Eureka_ensen_divulg_cienc.2020.v17.i2.2503

Freinet, C. (1993). *The Modern School: A Franco-Swiss Pedagogical Movement.* Edwin Mellen Press.

Freire, P. (1970). *Pedagogía del oprimido.* Siglo XXI Editores.

Gardner, H. (1983). *Frames of mind: The theory of multiple intelligences.* Basic Books.

Garofalo, V. H. C., Armijo, L. G. B., Guagua, J. A. Q., Zhañay, E. M. Á., y Pazmiño, J. A. G. (2024). Herramientas digitales en la enseñanza de Ciencias Naturales: Experiencia en Educación Básica. *Latam: Revista Latinoamericana de Ciencias Sociales y Humanidades, 5*(3), 55. https://doi.org/10.56712/latam.v5i3.2112

Gómez, I. M. (2017). *Matemática emocional: Los afectos en el aprendizaje emocional.* Ediciones Narcea.

González, D., Cuetos, M. J., y Serna, A. I. (2015). *Didáctica de las Ciencias Naturales en Educación Primaria.* UNIR Editorial.

Grech, A., & Camilleri, A. F. (2017). Blockchain in education. Joint Research Centre (JRC) Technical Reports. *European Commission.* https://doi.org/10.2760/60649

Harlen, W., & Qualter, A. (2018). *Primary science: taking the plunge.* Routledge.

Hofstein, A., & Lunetta, V. N. (2004). The laboratory in science education: Foundations for the twenty-first century. *Science Education, 88*(1), 28–54. https://doi.org/10.1002/sce.10106

Jiménez-Valverde, G., Fabre-Mitjans, N., Heras-Paniagua, C., & Guimerà-Ballesta, G. (2025). Tailoring gamification in a science course to enhance intrinsic motivation in preservice primary teachers. *Education Sciences, 15*(3), 300. https://doi.org/10.3390/educsci15030300

Johnson, D. W., y Johnson, R. T. (1999). *Learning together and alone: Cooperative, competitive, and individualistic learning.* Allyn & Bacon.

Kilpatrick, W. H. (1918). *The project method: The use of the purposeful act in the educative process.* Teachers College Record.

Kolb, D. A. (1984). *Experiential learning: Experience as the source of learning and development.* Prentice Hall.

Ley Orgánica 2/2006, de 3 de mayo, de Educación. *Boletín Oficial del Estado, número 106*, de 4 de mayo. https://www.boe.es/eli/es/lo/2006/05/03/2/con

Ley Orgánica 3/2020, de 29 de diciembre, por la que se modifica la Ley Orgánica 2/2006, de 3 de mayo, de Educación. *Boletín Oficial del Estado, número 340*, de 30 de diciembre. https://www.boe.es/eli/es/lo/2020/12/29/3/con

Marín-Quintero, M. (2021). El trabajo práctico de laboratorio en la enseñanza de las ciencias naturales: una experiencia con docentes en formación inicial. *Tecné, Episteme y Didaxis 49*, 163-182. https://doi.org/10.17227/ted.num49-8221

Mayer, R. E. (2005). Cognitive theory of multimedia learning. En R. E. Mayer (Ed.), *The Cambridge handbook of multimedia learning* (pp. 31-48). Cambridge University Press.

Millar, R. (2006). Twenty first century science: Insights from the design and implementation of a science curriculum. *International Journal of Science Education, 28*(12), 1355-1376. 2. https://doi.org/10.1080/09500690600718344

Montessori, M. (1912). *The Montessori Method.* Frederick A. Stokes Company.

Moreno, R., y Valderrama, M. (2014). El juego como estrategia pedagógica en la enseñanza de las ciencias. *Revista Iberoamericana de Educación, 64*(2), 15–27. https://dialnet.unirioja.es/servlet/articulo?codigo=7825982

National Research Council (2000). *Inquiry and the National Science Education Standards: A Guide for Teaching and Learning.* National Academy Press.

National Research Council (2011). *Successful K-12 STEM Education: Identifying Effective Approaches in Science, Technology, Engineering, and Mathematics.* The National Academies Press.

Newmann, F. M., & Associates. (1996). *Authentic achievement: Restructuring schools for intellectual quality.* Jossey-Bass.

Okolo, C. M., & Diedrich, J. (2014). Twenty-five years later: how is technology used in the education of students with disabilities? *Journal of Special Education Technology, 29*(1), 1–20. https://doi.org/10.1177/016264341402900101

ONU (2006). Convención sobre los Derechos de las Personas con Discapacidad. https://disfam.org/wp-content/uploads/2022/12/Convencio%CC%81n-ONU-Discapacidad.pdf

Orden de 30 de mayo de 2023, por la que se desarrolla el currículo correspondiente a la etapa de Educación Primaria en la Comunidad Autónoma de Andalucía, se regulan determinados aspectos de la atención a la diversidad y a las diferencias individuales, se establece la ordenación de la evaluación del proceso de aprendizaje del alumnado y se determina el proceso de tránsito entre las diferentes etapas educativas. *Boletín Oficial de la Junta de Andalucía, número 104*, de 2 de junio. https://www.juntadeandalucia.es/boja/2023/104/39

Osborne, J., & Dillon, J. (2008). *Science education in Europe: Critical reflections*. The Nuffield Foundation.

Pedaste, M., Mäeots, M., Siiman, L. A., Jong, T., van Riesen, S. A. N., Kamp, E. T., Manoli, C. C., Zacharia, Z. C., & Tsourlidaki, E. (2015). Phases of inquiry-based learning: Definitions and the inquiry cycle. *Educational Research Review, 14*, 47–61. https://doi.org/10.1016/j.edurev.2015.02.003

Pérez-Rodríguez, F., y Baquero-Mendieta, G. (2025). Alfabetización científica en la educación científica y la didáctica de las ciencias: tendencias y brechas en la producción intelectual de los últimos 40 años. *Revista Eureka Sobre Enseñanza y Divulgación de las Ciencias, 22*(2), 2101. https://doi.org/10.25267/Rev_Eureka_ensen_divulg_cienc.2025.v22.i2.2101

Piaget, J. (1962). *Play, Dreams and Imitation in Childhood*. Norton.

Piaget, J. (1970). *The science of education and the psychology of the child*. Orion Press.

Piaget, J. (1973). To *understand is to invent*. Grossman.

Prieto, I., García, B., y Reyes, J. (2025). Las ciencias de la Tierra en Educación Primaria: un análisis del currículo de la LOMLOE. *Enseñanza de las Ciencias, 43*(2), 23–40. https://doi.org/10.5565/rev/ensciencias.6221

Rao, K., Ok, M. W., & Bryant, B. R. (2017). A review of research on universal design educational models. *Remedial and Special Education, 38*(3), 153–165. https://doi.org/10.1177/0741932519847755

Real Decreto 157/2022, de 1 de marzo, por el que se establecen la ordenación y las enseñanzas mínimas de la Educación Primaria. *Boletín Oficial del Estado, número 52*, de 2 de marzo. https://www.boe.es/buscar/act.php?id=BOE-A-2022-3296

Real Decreto Legislativo 1/2013, de 29 de noviembre, por el que se aprueba el Texto Refundido de la Ley General de derechos de las personas con discapacidad y de su inclusión social. *Boletín Oficial del Estado, número 289*, de 03 de diciembre.

Rickinson, M., Dillon, J., Teamey, K., Morris, M., Choi, M. Y., Sanders, D., & Benefield, P. (2004). *A review of research on outdoor learning*. National Foundation for Educational Research and King's College London.

Rodríguez-Jiménez, F. J., Pérez-Ochoa, M. E., y Ulloa-Guerra, Óscar. (2025). Aula invertida en matemáticas de secundaria: percepción del estudiantado y profesorado. *Profesorado, Revista de Currículum y Formación del Profesorado, 29*(1), 103–130. https://doi.org/10.30827/profesorado.v29i1.30751

Rose, D., & Meyer, A. (2002*). Teaching every student in the digital age: Universal design for learning*. ASCD.

Schraw, G., Crippen, K. J., & Hartley, K. (2006). Promoting self-regulation in science education: Metacognition as part of a broader perspective on learning. *Research in Science Education, 36*(1), 111–139. https://doi.org/10.1007/s11165-005-3917-8

Scriven, M. (1967). The methodology of evaluation. En R. W. Tyler, R. M. Gagné y M. Scriven, *Perspectives of curriculum evaluation* (pp. 39–83). Rand McNally.

Shawn, B., y Tapia-Gutiérrez, O. M. (2022). Competencias científicas en el contexto del proceso de enseñanza-aprendizaje de las ciencias naturales. *Revista Portal de la Ciencia, 3*(1), 13–26. https://doi.org/10.51247/pdlc.v3i1.307

Singer, D. G., & Singer, J. L. (2008). Make-believe play, imagination, and creativity: Links to children's media exposure. En S. L. Calvert y B. J. Wilson (Eds.), *The handbook of children, media, and development* (pp. 290–308). Blackwell Publishing.

Soriano-Sánchez, J. (2024). Transformando la convivencia escolar: estrategias de innovación educativa para abordar el acoso entre agresores y víctimas en educación primaria (España). *Revista Innova Educación, 6*(3), 80–95. https://doi.org/10.35622/j.rie.2024.03.005

Soriano-Sánchez, J. G. (2025). The impact of ICT on primary school students' Natural Science learning in support of diversity: A meta-analysis. *Education Sciences, 15*(6), 690. https://doi.org/10.3390/educsci15060690

Soriano-Sánchez, J. G., y Jiménez-Vázquez, D. (2025). Trascendencia de la realidad aumentada en la motivación del aprendizaje en educación superior: metaanálisis. *Aloma: Revista De Psicologia, Ciències De l'Educació I De l'Esport, 43*(1), 52–64. https://doi.org/10.51698/aloma.2025.43.1.52-64

Soriano-Sánchez, J. G., Jiménez-Vázquez, D., y Resola-Moral, J. M. (2023). ¿Cómo fomentar de la motivación e inclunovación en el alumnado con necesidades educativas especiales? Una revisión sistemática. *Revista Innova Educación, 5*(4), 121-140. https://doi.org/10.35622/j.rie.2023.05v.007

Soriano-Sánchez, J. G., Quijano, R., & Airado, D. (2026). The impact of game-based learning on motivation, self-efficacy, and academic achievement in the natural sciences: A meta-analysis. *Education Sciences, 16*(1), 122. https://doi.org/10.3390/educsci16010122

Stinken-Rösner, L., Bohlmann, N., Fögele, J., & Schlüter, K. (2022). Thinking inclusive science education from two perspectives: Inclusive pedagogy and science education. *Research in Subject-matter Teaching and Learning, 3*(1), 30–45. https://doi.org/10.23770/rt1831

Stufflebeam, D. L. (2003). The CIPP model for evaluation. In T. Kellaghan & D. L. Stufflebeam (Eds.), *International handbook of educational evaluation* (pp. 31–62). Springer.

Terman, L. M. (1916). *The measurement of intelligence.* Houghton Mifflin.

Tomlinson, C. A. (2014). *The differentiated classroom: Responding to the needs of all learners.* ASCD.

Tudesco, L. G. (2023). Enfoques innovadores en la Didáctica de las Ciencias Naturales: aula invertida y enseñanza por indagación en la formación inicial del profesorado. *Revista de Ingeniería y Ciencias Aplicadas, 3*(2), 48–56. https://revistas.uncu.edu.ar/ojs3/index.php/revicap

Unesco (2006). *Construyendo ciudadanía a través de la educación científica.* Unesco. https://unesdoc.unesco.org/ark:/48223/pf0000159537

Unesco (2009). *Policy Guidelines on Inclusion in Education.* Unesco. https://www.mine-du.gov.gr/publications/docs2023/eidiki-agogi/B.%20Unesco%20policy%20guide-lines%2009.pdf

Unesco (2017). *Education for Sustainable Development Goals: Learning objectives.* Unesco Publishing.

Unesco (2020). *Global Education Monitoring Report 2020: Inclusion and Education – All Means All.* Unesco. https://www.scirp.org/reference/referencespapers?referenceid=2918246

Universidad Europea (2024). *Metodologías de enseñanza: tipos y cómo elegir la mejor.* https://ecuador.universidadeuropea.com/blog/tipos-metodologias-ensenanza/

Valencia, J., Acebal, M. C., & Franco, A. J. (2025). Biodiversidad y ecosistemas: una revisión sistemática en Didáctica de las Ciencias Experimentales (2012–2024). *Revista Eureka Sobre Enseñanza Y Divulgación de las Ciencias, 22*(2), 2105. https://doi.org/10.25267/Rev_Eureka_ensen_divulg_cienc.2025.v22.i2.2105

Vygotsky, L. S. (1978). *Mind in society: The development of higher psychological processes.* Harvard University Press.

Wang, M. T., & Degol, J. L. (2017). Gender gap in STEM: Current knowledge, implications for practice, policy, and future directions. *Educational Psychology Review, 29*(1), 119–140. https://doi.org/10.1007/s10648-015-9355-x

Wang, Y., Zhu, C., Zuo, D., Liu, J., & Liu, D. (2023). The effect of emotional motivation on strategy flexibility: The moderating role of task load. *Frontiers Psychology, 14,* 1241131. https://doi.org/10.3389/fpsyg.2023.1241131

Wiggins, G. (1993). *Assessing student performance: Exploring the purpose and limits of testing.* Jossey-Bass.

Yakman, G. (2008). *STEAM Education: An overview of creating a model of integrative education.* Pupils Attitudes Towards Technology Conference.

Yllana-Prieto, F., González-Gómez, D., y Jeong, J. S. (2023). La enseñanza de contenidos científicos mediante una metodología basada en escape room. *Enseñanza de las Ciencias, 41*(3), 69–88. https://doi.org/10.5565/rev/ensciencias.5873

Anexos

Anexo 1. Efemérides del Área de Conocimiento del Medio Natural, Social y Cultural en un CEIP y sugerencias de actividades

Fecha	Efeméride	Tipo	Sugerencias de actividades
16 de septiembre	Día Internacional de la Preservación de la Capa de Ozono	Voluntaria	Debate sobre causas del agujero de ozono, experimentos sobre gases y protección del aire
22 de septiembre	Día Mundial sin Coche	Voluntaria	Paseo escolar sin usar vehículos, actividades de movilidad sostenible, carteles informativos
4 de octubre	Día Mundial del Hábitat	Voluntaria	Observación del entorno escolar, registro de plantas y animales, creación de un mural de hábitats
13 de octubre	Día Internacional para la Reducción de los Desastres	Voluntaria	Simulacro de evacuación, taller sobre prevención de riesgos naturales, charlas educativas

Fecha	Efeméride	Tipo	Sugerencias de actividades
18 de octubre	Día Mundial de Protección de la Naturaleza	Voluntaria	Limpieza de espacios verdes, plantación de árboles o flores, juegos educativos sobre conservación
5 de diciembre	Día Mundial del Suelo	Voluntaria	Experimentos sobre composición del suelo, observación de microorganismos, creación de minihuertos escolares
11 de febrero	Día de la Mujer y la Niña en la Ciencia	Voluntaria	Investigaciones sobre científicas famosas, charlas con mujeres científicas, experimentos guiados
28 de enero	Día Mundial de la Educación Ambiental	Voluntaria	Talleres de reciclaje, elaboración de carteles de concienciación ambiental, proyectos de aula
21 de marzo	Día Internacional de los Bosques	Voluntaria	Salidas al bosque cercano, identificación de especies, creación de herbarios o dibujos de flora y fauna

Fecha	Efeméride	Tipo	Sugerencias de actividades
22 de marzo	Día Mundial del Agua	Voluntaria	Experimentos sobre filtración y limpieza del agua, debates sobre el uso responsable, carteles educativos
22 de abril	Día de la Tierra	Voluntaria	Proyectos de reciclaje y compostaje, campañas de ahorro energético, exposiciones sobre la Tierra
5 de junio	Día Mundial del Medio Ambiente	Obligatoria	Actividades de sensibilización ambiental, campañas escolares, participación en eventos locales
8 de junio	Día Mundial de los Océanos	Voluntaria	Talleres sobre contaminación marina, manualidades con materiales reciclados, observación de fauna acuática

Anexo 2. Presentación de la actividad en el aula

Paso	Descripción de la actividad	Objetivo del paso	Materiales necesarios
1	Presentación del currículo	Que el alumnado conozca los elementos principales del currículo: objetivos, contenidos, competencias y criterios de evaluación	Copias resumidas del currículo, pizarra, proyector
2	Lectura y análisis de criterios de evaluación	Analizar cada criterio de evaluación y discutir qué contenidos, objetivos y competencias se relacionan con él	Fichas con elementos curriculares, marcadores, papel para apuntes
3	Lluvia de ideas en grupo	El alumnado trabaja en pequeños grupos para identificar y anotar las conexiones entre criterios de evaluación y otros elementos curriculares	Hojas grandes, rotuladores, post-its
4	Puesta en común	Cada grupo comparte sus resultados y el docente guía la discusión para consolidar las interrelaciones correctas	Pizarra

Paso	Descripción de la actividad	Objetivo del paso	Materiales necesarios
5	Elaboración de un esquema	Los alumnos crean el mapa visual o tabla del Anexo C que muestre cómo cada criterio de evaluación se vincula con objetivos de etapa, saberes básicos, competencias específicas y clave y descriptores operativos	Papel, colores, reglas, opcional: herramientas digitales (Canva, Genially)
6	Reflexión final	Discusión sobre la importancia de conocer estas relaciones para comprender mejor el currículo y el proceso de aprendizaje	Cuaderno de reflexiones, lápiz

Anexo 3. Realización de actividad para PFI: concreción curricular

DESCRIPCIÓN DE LA UNIDAD DIDÁCTICA

CURSO: .º de Educación Primaria.   TÍTULO: «   ».

N.º UD: CENTRO DE INTERÉS:

                    TEMPORALIZACIÓN: Del al de   .

JUSTIFICACIÓN

Entre los retos del siglo xxi, se impulsa el desarrollo de habilidades para aprender a lo largo de la vida.

DESCRIPCIÓN PROYECTO DOCENTE TRIMESTRAL, SITUACIÓN APRENDIZAJE Y PRODUCTO FINAL

El **proyecto docente trimestral «X»** se trabaja en el aula de referencia y permite fomentar X. Esta **SdA** plantea como **reto**: ¿Te atreves a X? El **producto final** consiste en crear X.

CONCRECIÓN CURRICULAR ÁREA DE CONOCIMIENTO DEL MEDIO NATURAL, SOCIAL Y CULTURAL

RELACIÓN CON OBJETIVOS DE ETAPA (Anexo III de la Orden de 30 de mayo):

3.º COMPETENCIAS ESPECÍFICAS	1.º CRITERIOS DE EVALUACIÓN	2.º SABERES BÁSICOS	4.º COMPETENCIAS CLAVE	5.º DESCRIPTORES OPERATIVOS

TRANSVERSALIDAD:
- ODS (Agenda 2030): 8. Promover el crecimiento económico sostenido, inclusivo y sostenible, el empleo pleno y productivo y el trabajo decente para todos; 4. Garantizar una educación inclusiva y de calidad.
- Peculiaridades: Expresión oral y escrita, convivencia, cuentos y efeméride.
- Resolución pacífica de conflictos.

SECUENCIA DIDÁCTICA (FASES DEL CICLO EXPERIENCIAL)

Día	**de**	**. MOTIVAR**	SESIÓN N.º 1		
Días	**y**	**de**	**. ACTIVAR**		
N.º 2				N.º 3	
Días	**y**	**de**	**. EXPLORAR**	N.º 4	
Días	**y**	**de**	**. ESTRUCTURAR**		N.º 5
N.º 6				N.º 7	
Días	**y**	**de**	**.**	N.º 8	
N.º 9	**APLICAR**			N.º 10	
Día	**y**	**de**	**. CONCLUIR**	N.º 11	

SESIÓN TIPO: 1.º Saludo; 2.º Control de asistencia; 3.º Repaso; 4.º Rutina inicial; 5.º Plan de la sesión; 6.º Estación Enseñanza; 7.º Estaciones Aprendizaje; 8.º HERVAT; 9.º Rutina final; 10.º Despedida

RUTINAS PENSAMIENTO. **Inicial.** «Veo, pienso, me pregunto» **Final.** «Antes… Ahora…»; tique de salida

PRINCIPIOS PEDAGÓGICOS. Fomento de la lectura y el aprendizaje competencial, integrando la utilización de las TIC y promoviendo un aprendizaje orientado al desarrollo sostenible y medioambiental. Se potencia el DUA y la inclusión educativa, así como la inteligencia emocional, el conocimiento del patrimonio andaluz y la resolución pacífica de conflictos. Además, se apuesta por el trabajo por proyectos y el desarrollo de habilidades en el uso de la información, garantizando una educación integral, inclusiva y adaptada a los retos del siglo XXI.

PRINCIPIOS METODOLÓGICOS. Promueve el interés y la participación. Significativa. Trabajo individual y cooperativo con perspectiva de género. Fomento de la autonomía. Conecta con las prácticas sociales y culturales de Andalucía. Integradora. Atiende a la diversidad. Aprendizaje constructivista.

ESTRATEGIAS METODOLÓGICAS. Estaciones de Enseñanza y Aprendizaje. Gamificación. Aprendizaje cooperativo. Tutoría entre iguales.

AGRUPAMIENTOS. Individual, pareja, grupo de trabajo y grupo clase

TÉCNICAS COOPERATIVAS SIMPLES. Trabajo por parejas e interpretación compartida

ESCENARIOS Y CONTEXTOS **Escolar.** aula y aula del futuro **Social.** Por ejemplo, Parque de las Ciencias.

MATERIALES Y RECURSOS **Impreso.** libros, cuentos, cuaderno y fichas; **Recursos gráficos.** infografías, presentaciones e imágenes; **Recursos digitales.** PDI, ordenador, tableta y App; **Recursos interactivos.** juegos educativos; **Audiovisual.** vídeos

MEDIDAS ATENCIÓN A LA DIVERSIDAD Y A LAS DIFERENCIAS INDIVIDUALES

PRINCIPIOS Y PAUTAS DUA		
REPRESENTACIÓN	**ACCIÓN Y EXPRESIÓN**	**COMPROMISO**
1.2.; 2.1.; 3.1.	4.2.; 5.1.; 6.3.	7.1.; 8.2.; 8.3.
MEDIDAS GENERALES.	Trabajo colaborativo y acción tutorial.	
COORDINACIÓN DOCENTE.	Primera reunión del equipo docente (se conocen a todos los compañeros y compañeras y al alumnado). Evaluación inicial.	

EVALUACIÓN DEL APRENDIZAJE DEL ALUMNADO

ÁREA DE CMNSC							
CRITERIOS DE EVALUACIÓN	**TIPO DE EVALUACIÓN**	**TRAZABILIDAD, PROCEDIMIENTO E INSTRUMENTO**	**RÚBRICA HOLÍSTICA**				
			IN (1-4)	SU (5)	BI (6)	NT (7-8)	SB (9-10)

INFORMACIÓN FAMILIAS. Reunión inicial de curso y seguimiento continuado (iPasen).

EVALUACIÓN PRÁCTICA DOCENTE Y UNIDAD DIDÁCTICA		
INDICADORES	**INSTRUMENTOS**	**TIPO DE EVALUACIÓN**
¿La secuenciación didáctica es adecuada?	Cuestionario	Autoevaluación

PROPUESTAS DE MEJORA. En base a los resultados arrojados en dicha evaluación.

Anexo 4. Ejemplo de actividad para favorecer el aprendizaje basado en la indagación

«¿Qué necesitan las plantas para crecer?»	
Fase	**Descripción**
1. Pregunta guía	El docente plantea la pregunta generadora: ¿Qué pasaría si plantamos una semilla sin luz o sin agua? El alumnado comenta sus ideas en grupos y las registran en un diario de ciencia
2. Formulación de hipótesis	Cada grupo formula hipótesis, por ejemplo: «Si una semilla no recibe agua, no podrá crecer».
3. Diseño experimental	Diseño de experimento con macetas: - A: con luz y agua (control) - B: sin luz - C: sin agua - D: sin luz ni agua El alumnado define qué observará y cómo cuidará las plantas
4. Observación y recolección de datos	Durante una semana, registran cambios en las plantas, toman fotos, hacen dibujos y medidas, y discuten observaciones en grupos
5. Análisis y conclusiones	Los grupos responden qué hipótesis se cumplió y qué aprendieron. Preparan una presentación o cartel explicativo
6. Comunicación	Los grupos presentan sus resultados a la clase o en una exposición para la comunidad educativa

Anexo 5. Ejemplo de una secuencia didáctica sobre el aprendizaje basado en proyectos

"Mi ciudad y mi entorno natural: historia, cultura y medio ambiente"

Áreas integradas: CMN y Lengua Castellana y Literatura (LCL)

Evento de entrada: Queja del vecindario sobre un parque descuidado; los alumnos investigarán, propondrán soluciones y comunicarán la importancia de su entorno.

Cuestión generatriz: ¿Cómo podemos conocer, valorar y comunicar la riqueza natural, social y cultural de nuestra ciudad para cuidar y mejorar nuestro entorno cercano?

Objetivos de aprendizaje:

1. Explorar y analizar el entorno natural, social y cultural cercano.

2. Comprender y organizar información mediante lectura, investigación y síntesis.

3. Expresarse de manera oral y escrita para comunicar ideas y soluciones.

4. Crear representaciones visuales y materiales que integren información y creatividad.

5. Colaborar, reflexionar y evaluar el propio aprendizaje y el de los demás.

Sesión	Actividades	Objetivos de aprendizaje	Cuestión guía	Producto intermedio/final	Materiales y recursos necesarios
1	1) Presentación del proyecto y contexto del parque 2) Debate inicial sobre problemas en el entorno 3) Lluvia de ideas sobre qué investigar	Obj. 1 Obj. 5	¿Qué problemas existen en nuestro entorno y qué queremos aprender?	–	Pizarra, proyector, fotos/videos del parque
2	1) Observación directa del parque y barrio 2) Registro de elementos naturales y culturales 3) Debate sobre hallazgos	Obj. 1 Obj. 2	¿Qué elementos naturales, sociales y culturales podemos identificar en nuestro barrio?	–	Cuadernos de campo, cámara o tablet
3	1) Búsqueda de información en libros e internet 2) Selección de datos relevantes 3) Elaboración de fichas informativas	Obj. 2 Obj. 5	¿Qué información necesitamos para comprender nuestro entorno?	Producto intermedio 1: Fichas informativas y esquema de investigación	Libros, internet, fichas, lápices
4	1) Lectura comprensiva de textos sobre CMN y relatos de la ciudad 2) Resumen de ideas principales 3) Elaboración de mapas conceptuales	Obj. 2 Obj. 3	¿Qué aprendemos de los textos y cómo se relaciona con nuestras observaciones?	–	Libros, fichas, lápices
5	1) Planificación del proyecto: decidir formato y contenidos 2) Distribución de roles en grupo 3) Boceto inicial del proyecto	Obj. 2 Obj. 4 Obj. 5	¿Cómo organizamos la información y planificamos nuestro proyecto?	–	Papel, rotuladores, post-its
6	1) Redacción de textos descriptivos y narrativos 2) Elaboración de propuestas de mejora del parque 3) Revisión grupal de borradores	Obj. 3 Obj. 5	¿Cómo expresamos lo que aprendimos y proponemos soluciones?	Producto intermedio 2: Borradores de textos y propuestas	Cuadernos, lápices, ordenador

Sesión	Actividades	Objetivos de aprendizaje	Cuestión guía	Producto intermedio/final	Materiales y recursos necesarios
7	1) Creación de mapas y diagramas 2) Construcción de maquetas o murales 3) Integración de información visual con textos	Obj. 3 Obj. 4	¿Cómo representamos visualmente la información y soluciones?	–	Papel, colores, reglas, material de manualidades
8	1) Combinación de textos y materiales visuales 2) Revisión grupal 3) Ajustes para coherencia del proyecto	Obj. 2 Obj. 4 Obj. 5	¿Cómo unimos CMN y LCL para dar sentido al proyecto?	–	Todos los materiales previos
9	1) Revisión crítica del proyecto 2) *Feedback* entre grupos 3) Ensayo presentación oral del proyecto elaborado	Obj. 3 Obj. 5	¿Qué aspectos podemos mejorar antes de presentar?	Producto intermedio 3: Proyecto revisado y ajustado	Cuadernos, lápices, ordenador
10	1) Ensayo de presentación oral 2) Preparación de dramatización 3) Ajustes según retroalimentación	Obj. 3 Obj. 4 Obj. 5	¿Cómo comunicamos nuestras conclusiones y soluciones?	–	Papel, ordenador, materiales del proyecto
11	1) Presentación a la clase 2) Recepción de preguntas y comentarios 3) Debate sobre acciones para mejorar el parque	Obj. 3 Obj. 5	¿Cómo persuadimos a otros sobre la importancia de cuidar nuestro entorno?	–	Pizarra, proyector, materiales del proyecto
12	1) Reflexión grupal sobre aprendizajes 2) Evaluación con rúbricas 3) Discusión sobre aplicación futura del aprendizaje	Obj. 15	¿Qué hemos aprendido y cómo podemos aplicarlo en la vida real?	Producto final: Proyecto completo con textos y presentación oral por grupos de trabajo	Cuadernos, lápices, rúbricas

Anexo 6. Ejemplo de actividad para desarrollar el aprendizaje significativo y constructivismo

Fase	Actividad	Justificación pedagógica
1. Activación de conocimientos previos	Torbellino de ideas: ¿Dónde ves agua en diferentes formas? ¿Qué pasa cuando llueve o cuando el agua hierve?	Facilita el aprendizaje significativo al activar esquemas mentales previos
2. Indagación guiada	Experimento en pequeños grupos: colocar agua en vasos al sol y en el congelador. Observar y registrar cambios	Construcción activa del conocimiento a partir de la experiencia. Desarrollo del pensamiento lógico concreto
3. Diálogo sociocognitivo	Discusión grupal: ¿Qué pasó con el agua? ¿Por qué cambió? ¿Ocurre siempre igual?	Promueve la interacción social y el aprendizaje en la zona de desarrollo próximo
4. Representación del aprendizaje	Realización de un esquema visual en grupos: «Ciclo del agua» con dibujos y flechas, incluyendo los cambios de estado observados	Facilita la organización jerárquica de conceptos y relaciones significativas
5. Evaluación formativa	Autoevaluación con caritas y frase: «Hoy aprendí que…» y explicación oral breve al grupo	Valoración del proceso de construcción del conocimiento. Refuerzo de la metacognición y expresión personal del aprendizaje

Rúbrica holística de evaluación

Rúbrica de evaluación				
Indicador	Excelente (4 puntos)	Bueno (3 puntos)	Satisfactorio (2 puntos)	Inicial (1 punto)
Observación y registro	Registra detalladamente los cambios del agua con descripciones precisas y uso correcto del vocabulario científico	Registra los cambios de forma clara con algunos términos científicos	Registro básico, con escasa descripción o vocabulario inexacto	Registro incompleto, sin claridad ni términos científicos
Participación en la indagación	Participa activamente en el experimento, aporta ideas y respeta las normas del grupo	Participa en el experimento con entusiasmo, pero su implicación es intermitente	Participa poco, necesita apoyo constante o distracciones frecuentes	No participa activamente o interrumpe el trabajo del grupo
Interpretación de resultados	Explica con claridad por qué suceden los cambios del agua, haciendo relaciones con situaciones reales	Interpreta los cambios del agua, aunque con ayuda del docente o compañeros	Muestra dificultad para interpretar los fenómenos observados	No logra interpretar lo observado ni establecer relaciones
Representación visual (esquema)	El esquema es claro, organizado, con ilustraciones pertinentes y conexión correcta entre los conceptos	El esquema muestra la mayoría de los elementos esperados con buena organización	El esquema incluye algunos elementos, pero sin conexión clara o con errores conceptuales	El esquema es incompleto, desorganizado o con errores graves en los conceptos
Trabajo colaborativo	Coopera activamente, escucha a sus compañeros y promueve el trabajo en equipo	Coopera de forma general, aunque a veces le cuesta escuchar o ceder la palabra	Participa de forma pasiva o con dificultades para integrarse al grupo	No coopera, interfiere en el trabajo grupal o actúa de forma conflictiva
Reflexión final («Hoy aprendí…»)	Expresa con claridad lo aprendido y cómo lo aplicaría en su vida cotidiana	Expresa lo aprendido, aunque con poca profundidad	Refleja lo aprendido de forma muy general o con errores conceptuales	No expresa con claridad lo aprendido o no realiza la actividad
Rango de desempeño	**Interpretación**			
21–24 puntos	Nivel Excelente: Dominio claro de los contenidos y habilidades científicas			
16–20 puntos	Nivel Bueno: Comprensión adecuada con algunos aspectos que se deben reforzar			
11–15 puntos	Nivel Satisfactorio: Necesita apoyo para mejorar comprensión y habilidades			
6–10 puntos	Nivel Inicial: Requiere intervención pedagógica personalizada			
Puntuación total: Máximo 24 puntos				

Anexo 7. Ejemplo de actividad para favorecer el aprendizaje colaborativo y cooperativo

«Los estados del agua»	
Elemento	**Descripción**
Eje temático	La materia y sus transformaciones: los estados del agua (sólido, líquido, gaseoso)
Duración	2 sesiones de 40-45 minutos
Objetivo de aprendizaje	Identificar los tres estados del agua y describir los cambios entre ellos mediante ejemplos cotidianos
Técnica cooperativa	**1-2-4** (Individual – Pareja – Grupo de 4)
Materiales	Imágenes, frascos con hielo, agua y vapor (puede usarse infusión caliente), fichas de trabajo, pizarra

Fase 1. Activación de conocimientos previos (10 minutos).

Actividad. El docente proyecta imágenes del agua en distintos estados (nieve, lluvia, vapor de una tetera)
Preguntas generadoras. ¿Qué tienen en común? ¿Cómo cambia el agua?
Modalidad. Plenaria

Fase 2. Desarrollo con técnica cooperativa 1-2-4 (25-30 minutos).

Etapa	Actividad
1 (Individual)	Cada estudiante lee una breve ficha con información sobre los tres estados del agua y anota tres ideas clave
2 (Pareja)	En parejas, comparan sus ideas y elaboran una breve explicación conjunta de los estados del agua
4 (Grupo)	Dos parejas se unen (grupo de cuatro) y completan una tabla con ejemplos cotidianos y cambios de estado (ejemplo, agua hirviendo → vapor)
Producción final	El grupo dibuja un esquema o mapa conceptual del ciclo del agua y sus estados, que luego exponen

Fase 3. Puesta en común y cierre (10 minutos)

- Cada grupo comparte su producción.
- El docente sistematiza las ideas en la pizarra y corrige posibles errores conceptuales

Evaluación	
Indicadores	**Instrumento**
Participación activa en las etapas del 1-2-4.	Observación directa
Comprensión de los estados del agua.	Rúbrica del esquema grupal
Capacidad de explicar con ejemplos cotidianos.	Preguntas orales / trabajo final

Observaciones metodológicas

Se puede adaptar la actividad incluyendo una pequeña experiencia de laboratorio (agua en sus tres estados)
Se recomienda rotar roles en el grupo (lector, secretario, vocero)

Anexo 8. Ejemplo de actividad para desarrollar el *flipped classroom*

1. Ciclo del agua:

a) Antes de clase (fase en casa): El alumnado deberá visualizar un vídeo animado de cinco minutos sobre el ciclo del agua que explica de manera visual y narrativa los procesos de evaporación, condensación, precipitación e infiltración. También puede responder a unas breves preguntas de repaso en una plataforma como Google Forms o Kahoot.

b) Durante la clase (fase presencial): El alumnado, en grupos, construye un modelo físico del ciclo del agua utilizando materiales como bolsas plásticas, algodón, marcadores y agua. Observan los cambios que ocurren cuando se expone al sol, y luego discuten lo observado. Por último, elaboran una explicación oral o escrita sobre lo que ocurre en su modelo.

2. Clasificación de los seres vivos:

a) Antes de clase: Se proporciona una presentación interactiva (Genially o PowerPoint) donde se explica la clasificación básica de los seres vivos (reinos, vertebrados/invertebrados). Incluye imágenes, preguntas de autoevaluación y ejemplos.

b) Durante la clase: El alumnado trabaja en equipos para crear un mural o una tabla comparativa en cartulina donde clasifiquen diferentes seres vivos que ellos mismos investigan (pueden usar tarjetas ilustradas o fotos). Luego presentan sus clasificaciones al resto del grupo, justificando sus decisiones.

3. Las plantas y sus funciones:

a) Antes de clase: El alumnado y sus familias ven un breve vídeo educativo con dibujos animados sobre las partes de la planta y sus funciones básicas. Se le propone una actividad: observar una planta en casa y dibujarla.

b) Durante la clase: En el aula, se realiza una observación directa de plantas reales traídas por el alumnado. Con lupas y fichas de observación, identifican partes y describen sus funciones. Luego, realizan una manualidad o experimento, como germinar una semilla en un vaso transparente para observar su crecimiento.

4. Cambios de estado de la materia:

a) Antes de clase: A través de una historia ilustrada en vídeo, el alumnado aprende los conceptos de sólido, líquido y gas, así como los procesos de fusión, evaporación y condensación.

b) Durante la clase: Se llevan a cabo experimentos sencillos como derretir hielo, hervir agua y observar el vapor condensado en una tapa fría. Los estudiantes registran los cambios y responden preguntas guiadas para construir el conocimiento de forma práctica.

5. Cuidado del medio ambiente:

a) Antes de clase: Como parte de la fase previa al encuentro presencial, el alumnado visualiza un vídeo documental breve o una animación didáctica centrada en temáticas ambientales, como la contaminación, el reciclaje y la sostenibilidad. Esta actividad introductoria puede complementarse con recursos digitales interactivos, como juegos en línea, infografías animadas o breves cuestionarios autoevaluativos, con el fin de activar conocimientos previos y despertar el interés por el tema.

b) Durante la clase: En la sesión presencial, el alumnado participa en la planificación y ejecución de una campaña escolar de concienciación ambiental. Entre las actividades propuestas se incluyen el diseño de carteles informativos, la redacción de mensajes de sensibilización dirigidos a otros cursos, la elaboración de contenedores de reciclaje con materiales reutilizables y la organización de acciones concretas para promover el cuidado del entorno escolar o familiar. Esta experiencia fomenta el compromiso activo con el medio ambiente y promueve el trabajo colaborativo, la creatividad y la expresión oral y escrita.

c) Recomendaciones para su aplicación: Para lograr una implementación efectiva de esta propuesta dentro del modelo *flipped classroom*, se sugiere que el contenido previo sea de un máximo de 5 a 10 minutos de duración, de modo que se mantenga la atención del alumnado y se facilite su comprensión. Asimismo, es conveniente emplear una variedad de formatos, alternando entre vídeos, audios, presentaciones y recursos interactivos, lo que permite atender a distintos estilos de aprendizaje.

d) Es recomendable incorporar mecanismos sencillos de retroalimentación, como cuestionarios automáticos o pequeños desafíos que permitan verificar el nivel de comprensión de los contenidos visualizados. También es importante ofrecer alternativas en formato impreso o sin conexión a internet para aquellos alumnos y alumnas que no disponen de acceso digital en el hogar, garantizando así la equidad.

6. Por último, se sugiere implicar a las familias en el proceso y, por tanto, informarles del objetivo de la propuesta y brindarles orientaciones sobre cómo pueden acompañar y apoyar a sus hijos e hijas en el trabajo previo, lo que fortalece el vínculo entre la escuela y la comunidad.

Anexo 9. Ejemplo de actividad para favorecer la gamificación

Elemento	Descripción
Saberes básicos	El sistema solar: planetas y sus características
Nombre de la actividad	«Misión: Exploradores del espacio»
Tipo de gamificación	Juego de retos con puntos, niveles y recompensas
Objetivo de aprendizaje	Identificar los planetas del sistema solar y algunas características principales de cada uno
Duración	2 sesiones de 40 minutos

Dinámica de la actividad	
Fase	**Descripción**
Inicio	El docente se disfraza o actúa como «comandante espacial» y presenta la misión: explorar los planetas y superar retos por cada uno
Desarrollo (Juego)	Cada equipo recibe una «carta de misión» con una serie de desafíos (preguntas, sopas de letras, crucigramas, acertijos) sobre un planeta
Sistema de puntos	Por cada misión completada, los equipos ganan «estrellas» (puntos). Si completan todos los retos, suben de nivel como «astrónomos galácticos»
Recompensas	Insignias digitales, diplomas de «explorador planetario», aplauso de honor o pase para elegir la próxima actividad lúdica
Cierre	Reflexión grupal: ¿Qué aprendimos? ¿Qué planeta les pareció más interesante? Se revisan conceptos y se refuerzan los aprendizajes

Anexo 10. Ejemplo de actividad para desarrollar el *escape room*

«Misión. Salvar el planeta» - *Escape room* sobre el cambio climático

Duración. 60 minutos (45 min juego + 15 min reflexión)

Objetivos didácticos

- Comprender las causas y consecuencias del cambio climático
- Fomentar el trabajo en equipo y el pensamiento crítico
- Aplicar el método científico en situaciones reales

Contenidos curriculares

- Factores del cambio climático
- Acción humana sobre el medio ambiente
- Energías renovables y sostenibilidad

Competencias clave

CCL, CD, CPSAA, CC, SIEP y STEAM

Materiales necesarios

Candados o cajas con combinación (física o virtual), tarjetas de pistas, vídeos cortos, gráficos climáticos, tabletas o PC con conexión a internet, códigos QR

Narrativa

El mundo está en peligro. En 45 minutos, los y las alumnas deben resolver una serie de retos científicos para detener un colapso climático global. Solo el conocimiento salvará el planeta

Pruebas o retos

1. Resolver un crucigrama sobre gases de efecto invernadero
2. Ordenar imágenes sobre el ciclo del carbono
3. Ver un vídeo corto y responder un cuestionario
4. Usar una lupa para encontrar pistas en una "fotografía satelital"
5. Resolver un código QR que les lleva al reto final: un test *online* de energías renovables

Evaluación formativa

- Observación del trabajo en equipo
- Registro de respuestas correctas
- Reflexión final en grupo guiada por el docente

Inclusión y accesibilidad

- Instrucciones con pictogramas y lectura fácil
- Adaptación de tiempos y roles
- Material manipulativo y apoyo visual
- Uso de tecnología accesible según el DUA

Anexo 11. Ejemplo de proyecto STEAM

Título del proyecto: «Construyamos una ciudad sostenible»

Duración estimada. De 3 a 4 semanas (trabajo por bloques de 2 o 3 sesiones semanales)

Objetivo general. Fomentar la comprensión de los principios del desarrollo sostenible a través de la construcción colaborativa de una maqueta de una ciudad ecológica, integrando conocimientos de ciencias, matemáticas, tecnología, arte e ingeniería

Áreas curriculares integradas (enfoque STEAM)

Ciencias Naturales (S). Energías renovables, ciclo del agua, contaminación, ecosistemas urbanos

Tecnología (T). Uso de materiales reciclables, introducción al uso de sensores simples (si se cuenta con kits)

Ingeniería (E). Diseño y construcción de estructuras básicas (edificios, puentes, parques)

Arte (A). Estética de la maqueta, diseño de carteles, creación visual y presentación de ideas

Matemáticas (M). Cálculos de escala, medidas, proporciones y distribución del espacio

Secuencia didáctica (resumen por fases)

Fase 1. Exploración e indagación
- Visualización de videos o infografías sobre ciudades sostenibles (Ejemplo, Copenhague, Curitiba)
- Discusión guiada: ¿Qué problemas tiene nuestra ciudad? ¿Cómo podríamos mejorarla?
- Lluvia de ideas sobre componentes de una ciudad sostenible

Fase 2. Diseño del proyecto
- Trabajo en equipos cooperativos
- Borradores en papel del plano de la ciudad: distribución de zonas verdes, viviendas, transportes, etc.
- Decisiones sobre materiales, escalas, y división de roles

Fase 3. Construcción de la maqueta
- Uso de materiales reciclados: cajas, cartón, botellas, etc.
- Incorporación de elementos móviles si se dispone de motores simples o kits de robótica.
- Pintura, decoración y rotulado de las zonas (integración del arte)

Fase 4. Presentación y reflexión
- Exposición oral de cada grupo a otros cursos o a las familias
- Justificación de sus decisiones desde cada área: ¿Por qué usaron energías renovables? ¿Cómo calcularon las distancias?
- Rúbricas de coevaluación y autoevaluación

Competencias clave
- Competencia en comunicación lingüística; competencia plurilingüe; competencia matemática y en ciencia, tecnología e ingeniería; competencia digital; competencia personal, social y de aprender a aprender; competencia ciudadana; competencia emprendedora; y competencia en conciencia y expresión culturales

Adaptaciones y sugerencias
- Si no se cuenta con recursos tecnológicos, el proyecto puede realizarse manualmente, priorizando el enfoque artístico y científico
- Puede vincularse con la comunidad local: invitación a expertos o visitas virtuales a instituciones ambientales
- Se recomienda documentar el proceso mediante fotografías, videos o portafolios digitales para una mejor evaluación formativa

Rúbrica de evaluación

Rúbrica de evaluación				
Indicador	Excelente (4 puntos)	Bueno (3 puntos)	Satisfactorio (2 puntos)	Inicial (1 punto)
Diseño científico y sostenibilidad	Integra múltiples ideas ecológicas (energías limpias, reciclaje, biodiversidad)	Presenta varias ideas sostenibles con razonamiento claro	Presenta algunas ideas sostenibles básicas	Muestra escasa o nula conexión con sostenibilidad
Aplicación de matemáticas y medidas	Usa escalas, proporciones y cálculos precisos y justificados	Usa cálculos apropiados, aunque con algunos errores menores	Aplica medidas, pero con poca justificación o precisión	No usa o explica medidas matemáticas
Creatividad y expresión artística	Maqueta original, estética cuidada, uso innovador de materiales	Diseño bien elaborado, atractivo y funcional	Diseño simple o poco detallado	Poca creatividad, sin atención al aspecto visual
Trabajo en equipo y colaboración	El grupo trabaja de forma muy coordinada, todos los miembros participan activamente	Colaboración evidente con buena participación general	Participación desigual; algunos miembros no colaboran	Falta de colaboración; trabajo individualizado
Comunicación y presentación oral	Explica con claridad y seguridad las decisiones del proyecto	Presentación clara con algunos apoyos visuales	Explicación algo confusa o poco estructurada	No logra comunicar con claridad el proyecto
Uso adecuado de recursos	Usa materiales variados de forma eficiente y responsable	Usa los materiales correctamente	Desperdicia recursos o no los aprovecha bien	Uso inadecuado o sin planificación

Puntuación total máximo: 24 puntos.

Ejemplo de plantilla de planificación docente

Elemento	Descripción
Nombre del proyecto	Construyamos una ciudad sostenible
Nivel educativo sugerido	Tercer Ciclo de Educación Primaria
Duración	3-4 semanas (6-8 sesiones de 45-60 minutos)
Objetivos de aprendizaje	Construir comprensión sobre los principios de sostenibilidad a partir del análisis de situaciones del entorno, y aplicar y transferir conocimientos STEAM en la resolución de problemas reales mediante el diseño y desarrollo de propuestas sostenibles
Contenidos curriculares	Energías limpias, reciclaje, escalas y medidas, expresión visual, trabajo en equipo
Metodología	Aprendizaje por proyectos, enfoque STEAM, trabajo cooperativo, aula invertida
Recursos necesarios	Cartón, materiales reciclados, pinturas, reglas, calculadoras, vídeos, etc.
Evaluación	Rúbrica (formativa y sumativa), portafolio de trabajo, coevaluación
Adaptaciones	Inclusión de alumnado con NEAE, posibilidad de trabajo individual
Interdisciplinariedad	Ciencias, matemáticas, lengua, plástica, tecnología
Vinculación con la comunidad	Posibilidad de invitar a padres o expertos en sostenibilidad